한 번 읽으면
절대 잊을 수 없는
비즈니스 영어 교과서

한 번 읽으면 절대 잊을 수 없는
비즈니스 영어 교과서

마키노 도모카즈 지음 | **박수현** 옮김

시그마 북스

한 번 읽으면 절대 잊을 수 없는
비즈니스 영어 교과서

발행일 2025년 7월 1일 초판 1쇄 발행
지은이 마키노 도모카즈
옮긴이 박수현
발행인 강학경
발행처 시그마북스
마케팅 정제용
에디터 최윤정, 최연정, 양수진
디자인 강경희, 정민애, 김문배

등록번호 제10-965호
주소 서울특별시 영등포구 양평로 22길 21 선유도코오롱디지털타워 A402호
전자우편 sigmabooks@spress.co.kr
홈페이지 http://www.sigmabooks.co.kr
전화 (02) 2062-5288~9
팩시밀리 (02) 323-4197
ISBN 979-11-6862-372-9 (13740)

ICHIDO YONDARA ZETTAI NI WASURENAI BUSINESS EIGO NO KYOKASHO
Copyright ⓒ 2024 by Tomokazu Makino
All rights reserved.
Original Japanese edition published by SB Creative Corp.
Korean translation rights ⓒ 2025 by Sigma Books
Korean translation rights arranged with SB Creative Corp., Tokyo
through EntersKorea Co., Ltd. Seoul, Korea

이 책의 한국어판 저작권은 (주)엔터스코리아를 통해 저작권자와 독점 계약한 **시그마북스**에 있습니다.
저작권법에 의하여 한국 내에서 보호를 받는 저작물이므로 무단전재와 무단복제를 금합니다.

파본은 구매하신 서점에서 교환해드립니다.

* **시그마북스**는 (주)**시그마프레스**의 단행본 브랜드입니다.

| 들어가며 |

사람들의 비즈니스 영어 공부법에는 잘못된 점투성이!

저는 30여 년 동안 영어 통역 일을 하고 있습니다. 동시에 영어 강사로서 대학교와 영어 학원에서 1,000명이 넘는 학생들에게 비즈니스 영어를 가르쳐 왔습니다. 그 경험을 통해 많은 직장인들이 비즈니스 영어에 대해 "큰 오해"를 하고 있다는 사실을 알게 되었습니다. 바로 **'비즈니스 영어 = 비즈니스를 하는 원어민들이 사용하는 영어'라고 생각한다는 사실입니다.** 그리고 원어민들이 사용하는 난해한 단어나 문법, 표현들을 기를 쓰고 외우다가 결국 좌절하고 마는 사람들이 속출하고 있습니다. 영어 동시통역사로서 세계의 다양한 기업과 비즈니스 이야기가 오가는 자리에 들어갔지만, 상대가 원어민인 경우는 20% 정도였습니다. 즉, **비즈니스 영어를 사용하는 상대 대부분이 비원어민**인 셈입니다. 진지하게 원어민이 사용하는 단어나 표현을 일일이 외우려고 드는 것은 일본인 정도가 아닐까 싶습니다(물론, 비영어권 나라에도 열심히 공부하는 사람이 있으며, 원어민과 동등한 영어 실력을 갖춘 사람도 있습니다).

'원어민이 사용하는 영어 단어와 표현을 전부 암기하는' 일은 '정말 실용적인 비즈니스 영어'를 익히는 데 중요하지 않습니다. **세계 표준 비즈니스 영어**를 배우는 것이 더 중요합니다.

제가 생각하는 **세계 표준 비즈니스 영어란, 영어 원어민과 비원어민 모두가 사용하는 것을 전제로 한, '누구에게도 오해받지 않는 영어'**입니다. 세계 표준 비즈니스 영어를 익히면 비원어민은 물론이고, 원어민과도 문제없이 소통할 수 있습니다.

그럼 '누구에게도 오해받지 않는 영어'란 무엇일까요. 중요한 것은 크게 두 가지입니다. 첫 번째는 **기본적인 단어와 문법으로 구성된 간단한 영어를 사용하는 것**입니다. 단어와 문법은 중학교에서 배운 수준으로 90% 해결됩니다. 이 책에서는 통역사가 구사하는 단순한 영어 말하기 기술을 소개합니다.

    이어서 두 번째는 **기본적인 단어와 문법에 담긴 뉘앙스를 제대로 이해하는 것**입니다. 단어와 문법에는 각각 뉘앙스가 있습니다. 비즈니스 영어에서는 그 뉘앙스의 차이에 따라 단어와 문법을 구분해 사용하는 것이 중요합니다.

    그리고 한 가지 더, 직장인들 대부분이 잘못 알고 있는 것이 있습니다. 많은 사람들이 '말하기', '듣기', '읽기', '쓰기'를 따로따로 공부합니다. 하지만 이 네 가지 능력은 서로 큰 영향을 미칩니다. 따라서 '① **말하기 → ② 듣기 → ③ 읽기 → ④ 쓰기**' 순으로 배우면, 단기간에 네 가지 능력을 놀라울 정도로 향상할 수 있습니다.

    대부분 말하기와 듣기를 동시에 공부하지만, 반드시 말하기부터 배워야 합니다. 말하기에서 사용할 줄 모르는 어려운 단어와 문법, 표현은 듣기에서도 못 알아듣는 경향을 보이기 때문입니다. 말하기 능력을 갖춘 다음에 듣기로 들어가는 방법이 압도적으로 더 효율적입니다.

    읽기와 쓰기 역시 말하기와 듣기의 기초가 다져진 다음에 배우면, 본래 들여야 했을 노력의 반만큼도 들일 필요가 없습니다. 그래도 충분한 실력을 쌓을 수 있습니다.

    특히 비즈니스 영어의 읽기와 쓰기에는 비즈니스 특유의 정해진 형식이 있습니다. 따라서 말하기와 듣기의 기초를 다지고 나면, 정해진 형식에만 집중해 읽기와 쓰기를 학습할 수 있게 됩니다.

    이 책이 비즈니스 영어 학습으로 고민하는 사람들에게 조금이나마 도움이 된다면 기쁠 따름입니다.

마키노 도모카즈

차례

들어가며	사람들의 비즈니스 영어 공부법에는 잘못된 점투성이!	6
Homeroom ①	'비즈니스 영어' = '원어민 영어'가 아니다!	12
Homeroom ②	'원어민의 단어와 문법'이 아닌 '누구나 이해할 수 있는 단어와 문법'	14
Homeroom ③	비즈니스 영어에서 중요한 것은 '뉘앙스'	16
Homeroom ④	비즈니스 영어 실력이 최단기간에 향상되는 4단계	18

제1장 비즈니스 영어 말하기

발음·강세	정확한 발음을 고집하지 않아도 된다	22
문법 ① 시제	비즈니스 영어에서의 '현재형'과 '미래형'의 차이	24
문법 ② 조동사	발언에 깊이를 더하고 싶을 때 '조동사'를 사용한다	27
문법 ③ 흐름을 만드는 접속사	'접속사'로 흐름을 만든다	30
문법 ④ 임팩트를 주는 접속사	'접속사'로 임팩트를 준다	37

문법 ⑤ 반어	'반어'로 상대에게 결론에 대한 인상을 각인시킨다　40
문법 ⑥ 형식	'3형식'을 축으로 문장을 만든다　42
시간·장소·숫자	절대로 틀려서는 안 될 '시간', '장소', '숫자'　44
단어 ①	원어민과 동등한 단어 실력을 갖출 필요는 없다　47
단어 ②	단어를 모르면 다른 표현으로 바꾸면 된다　51
통역사의 말하기 기술 ①	다운 트랜스레이팅　53
통역사의 말하기 기술 ②	회화의 다운 트랜스레이팅　58
인사법	비즈니스 영어 인사말　61
맞장구치기	비즈니스 영어에서 대답하는 법　63
대화의 흐름	처음 만난 사람과 나누는 대화의 흐름　68
자기소개하기	비즈니스에서 자기소개하기　71
잡담	잡담의 중요성　73
미팅 ①	비즈니스 미팅을 구성하는 방법　75
미팅 ②	비즈니스 미팅을 진행하는 방법　78
미팅 ③	미팅에서 발언하는 방법　82
온라인 미팅	온라인 미팅에서 주의해야 할 다섯 가지　85
프레젠테이션 ①	영어 프레젠테이션을 구성하는 방법　88
프레젠테이션 ②	영어 프레젠테이션 화법의 여섯 가지 포인트　93
프레젠테이션 ③	질의응답에 대처하는 방법　96
오해받기 쉬운 표현	우리가 사용하기 쉬운 '오해받기 쉬운 표현'　99
접대	접대용 '이야깃거리'를 준비해 둔다　102
리셉션·파티	리셉션(친목회)·파티에서 말하는 법　104
Column	간단한 선물을 들고 가야 할까?　106

제2장 비즈니스 영어 듣기

듣기에서 중요한 것	비즈니스 영어 듣기는 절대 '완벽'을 추구해서는 안 된다 110
통역사의 듣기 기술 ①	통역사가 사용하는 '중요한 정보'만 듣는 기술 112
통역사의 듣기 기술 ②	'동사'에 주목하자! 117
통역사의 듣기 기술 ③	슬래시 리스닝 119
되묻기	'되묻기'가 실수를 줄인다! 121
들으면서 메모하기 ①	'메모' 활용법 124
들으면서 메모하기 ②	보기 좋은 메모의 여덟 가지 포인트 126
듣기 미팅편 ①	상대방의 발언 내용을 확인한다 128
듣기 미팅편 ②	'원어민 영어', '비원어민 영어' 듣기 130
듣기 연설편	'연설 영어' 듣기 132
프레젠테이션	'프레젠테이션 영어' 듣기 134
듣기 공부법 ①	처음 세 단어에 내용이 응축되어 있다 138
듣기 공부법 ②	듣기 훈련 4단계 142
Column	비즈니스 자리에 나갈 때의 복장 146

제3장 비즈니스 영어 읽기

읽기의 중요성	읽기에서 중요한 것 150
비즈니스 서류	영문 비즈니스 서류의 종류 152
읽기의 포인트 ①	영문 이메일 읽는 법 154

읽기의 포인트 ②	전체를 읽지 않고 '중요한 정보'를 찾는다 158
읽기의 포인트 ③	읽기 공부법 <해석편> 162
Column	외국인과 신뢰 관계를 쌓기 위해 164

제4장 비즈니스 영어 쓰기

쓰기의 중요성	쓰기에서 중요한 것 168
명함 작성법	영문 명함 만드는 법 170
이메일 작성법	영문 이메일 작성법 178
비즈니스 레터 ①	영문 비즈니스 레터에서 받는 사람 쓰는 법 182
비즈니스 레터 ②	영문 비즈니스 레터의 두 가지 형식 185
비즈니스 레터 ③	영문 비즈니스 레터의 구성 190
비즈니스 레터 ④	비즈니스 레터에서 자주 사용하는 상투적인 문구 194

제5장 비즈니스에서 유용한 표현

개요	사실 관용구는 적당히 사용하는 편이 좋다 200
관용구	비즈니스에서 자주 사용하는 관용구 15 203
정중한 표현	비즈니스에서 자주 사용하는 정중한 표현 15 209

마치며 216

| 한 번 읽으면 절대 잊을 수 없는 비즈니스 영어 교과서 | Homeroom ①

'비즈니스 영어' = '원어민 영어'가 아니다!

 일본인이 생각하는 '비즈니스 영어'의 이미지는 잘못되었다!

현재 일본의 학교에서 이루어지는 영어 수업 내용은 영어권(영국, 아일랜드, 캐나다, 미국, 뉴질랜드, 호주 등)에서 사용하는 문법, 단어, 발음 등을 기준으로 짜여 있다. 즉, 원어민을 상대로 말하기를 전제로 한다는 의미다. 그런 점에서 일본인이 비즈니스 영어를 학습할 때 빠지기 쉬운 함정이 있다.

'들어가며'에서도 이야기했듯이 **많은 직장인이 '비즈니스 영어 = 비즈니스를 하는 원어민들이 사용하는 영어'라고 생각한다.** 나는 30년 이상 동시통역 일을 해 왔다. 세계적인 기업을 상대로 일하면서 원어민과 이야기할 기회는 20% 정도밖에 되지 않았다. 나머지는 상대가 비원어민이었다.

'정말 실용적인 비즈니스 영어'를 익히려면 '세계 표준 영어'를 공부하는 것이 핵심이다. 내가 생각하는 **세계 표준 비즈니스 영어란, 영어 원어민과 비원어민 모두가 사용하는 것을 전제로 한, '누구에게도 오해받지 않는 영어'**다. 영어 수준이 원어민과 동등할 필요도 전혀 없으며, 중학교 영어 수준으로 90% 해결된다. '세계 표준 영어'를 익히면 비원어민은 물론이고, 원어민과도 문제없이 소통할 수 있다.

그럼 '세계 표준 영어'인 '누구에게도 오해받지 않는 영어'란 무엇일까. 여기서 중요한 것은 두 가지다.

| 그림 H-1 | 비즈니스 영어는 중학교 영어 수준으로 90% 해결된다 |

비즈니스 영어의 단어와 표현이 복잡해서 너무 어려워…….

이걸 어떻게 외워……

많은 직장인이
'비즈니스 영어 = 비즈니스를 하는 원어민들이 사용하는 영어'
라고 생각해서 비즈니스 영어를 공부하다가 쉽게 좌절한다.

실은 비즈니스 영어를 이런 식으로 생각하는 것은 일본인뿐이다!
세계 표준 비즈니스 영어란
영어 원어민과 비원어민 모두가 사용하는 것을 전제로 한,
'누구에게도 오해받지 않는 영어'

영어 수준이 원어민과 동등할
필요도 전혀 없다!
중학교 영어 수준으로 90% 해결된다!

| 한 번 읽으면 절대 잊을 수 없는 비즈니스 영어 교과서 | | Homeroom ② |

'원어민의 단어와 문법'이 아닌 '누구나 이해할 수 있는 단어와 문법'

 학교 영어에서 빠지게 되는 함정

'누구에게도 오해받지 않는 영어'에서 첫 번째로 중요한 것은 **'단순한 영어' 사용하기**다. 대부분 영어로 말하기 전에 하고 싶은 말을 머릿속에서 한국어 문장으로 생각할 것이다. 이때 어려운 한국어 문장을 떠올리기 쉽다. 하지만 어려운 한국어 문장을 그대로 영어로 옮기려고 들면, 어려운 단어나 문법, 표현을 사용한 복잡한 문장이 되고 만다. 상대방이 비원어민이라면 어려운 표현을 이해하지 못할 수도 있을뿐더러, 애초에 자신이 영어로 옮기지 못할 가능성이 더 크지 않을까. 여기서 통역사가 사용하는 다운 트랜스레이팅이라는 기술이 등장한다.

다운 트랜스레이팅이란, 간단히 말하면 '알기 쉬운 한국어로 고친다'는 말이다. 머릿속에 떠오른 어려운 한국어 문장을 그대로 어려운 영어 문장으로 만들지 않고, 일단 간단한 한국어로 고친 다음에 영어로 옮긴다.

예를 들면, 거래처 상대에게 '시행착오를 거친 결과, 이 제품이 탄생했다.' 그렇게 말하고자 할 때, '"시행착오", "~의 결과"를 뭐라고 해야 하더라?' '"~가 탄생했다"는 수동태인가?' 하고 허둥대기 쉽다. 이러할 때는 간단한 한국어 문장으로 고친다.

'여러 번 시도해 보고 이 제품을 만들었다.' 이와 같은 한국어 문장이라면, We tried many times and we made this product. 하고 간단히 영어 문장을 만들 수 있다.

'단순한 영어'에 어려운 단어나 영문법, 표현은 1mm만큼도 필요 없다. 중학교 영어 수준으로도 충분하다.

그림 H-2 오해받지 않는 '단순한 영어' 만드는 법

STEP ① 말하고자 하는 내용을 한국어 문장으로 생각한다.

시행착오를 거친 결과, 이 제품이 탄생했다.

STEP ② 간단한 한국어 문장으로 고친다.(다운 트랜스레이팅)

여러 번 시도해 보고 이 제품을 만들었다.

STEP ③ '간단한 한국어 문장'을 영어로 옮긴다.

We tried many times and we made this product.

머릿속에 떠오른 한국어 문장을
'간단한 한국어 문장'으로 고친 다음에
영어로 옮기면 '단순한 영어'가 된다.

| 한 번 읽으면 절대 잊을 수 없는 비즈니스 영어 교과서 | Homeroom ③ |

비즈니스 영어에서 중요한 것은 '뉘앙스'

 문법에 담긴 뉘앙스

'오해받지 않는 영어'에서 두 번째로 중요한 것은 문법과 단어에 포함되는 **뉘앙스 이해하기** 다. 여기서 말하는 문법과 단어는 결코 원어민이 사용하는 수준 높은 것이 아니다. 학교에서 배우는 수준의 기본적인 것들이다.

예를 들어, 다들 학창 시절에 과거형과 현재완료형을 배웠을 것이다. 이 두 개의 차이점은 '시간 간격'뿐만이 아니다. 사실 뉘앙스에 큰 차이가 있다. 다음 대화를 살펴보자. 상사(A)가 부하(B)에게 프로젝트 진행 상황에 관해 묻는 장면이다.

> A: How is your project?
> (프로젝트 진행 상황은 어때?)
> B: We **have done** the test 1 of the new product.
> (신제품의 테스트 1까지 끝났습니다.)

현재완료형으로 대답함으로써 '현시점에서 테스트 1까지 끝났고, 다음 단계를 진행하고 있다'라는 뉘앙스가 전해진다. 이때 We **did** the test 1 of the new product 하고 **과거형으로 표현해도 틀린 말은 아니다. 다만, 과거형을 사용하면 '테스트 1까지 했지만, 뒷일에 대해서는 모르겠다'라는, 약간 상대를 내치는 듯한 뉘앙스를 풍기게 된다.**

나는 통역사로서 외국인 고객에게 보내는 메일 글을 검토할 기회가 많은데, 현재 상황을 설명하면서 과거형으로 표현한 문장을 종종 본다. 우리 감각으로 보면 과거형과 현재완료형에 사소한 차이밖에 없는 것 같겠지만, 이처럼 영어에서는 뉘앙스가 전혀 다르다. 문법에 관한 예시를 하나 더 살펴보자.

> I look forward to hearing from you.
> (회신을 기다리고 있겠습니다.)

위의 예문을 보고 'look forward to가 아니라 be looking forward to로 진행형을 사용해야 하지 않나?' 그런 생각을 하는 사람도 많지 않을까. 실제로 학교에서 look forward to라는 표현을 I'm looking forward to seeing you. (만나기를 고대하고 있겠습니다.)라는 예문과 함께 가르치는 경우가 많은 듯하다. 하지만 **'회신을 기다리겠다'라는 문장에서 진행형을 사용하면 '회신을 계속 기다리고 있겠다'는 뉘앙스를 풍기며 상대에게 회신을 재촉하는 인상을 주게 된다.** 따라서 현재형을 사용하는 편이 낫다. '만나기를 고대하고 있다.' 이 문장에서는 진행형을 사용해도 '계속 고대하고 있겠다. (매우 고대하고 있다.)'라는 뉘앙스가 되므로 딱히 문제될 것이 없다.

다음으로 단어에 관한 예시를 살펴보자. 직장인들은 '바로 검토하겠습니다'라는 표현을 자주 사용한다. 그러나 We will discuss it immediately. (바로 검토하겠습니다.)라는 표현은 외국인에게 오해받기 쉬우므로 사용하지 않는 편이 현명하다. 상대가 '바로'를 의미하는 immediately를 '오늘 중으로'라고 받아들이기 때문이다. 따라서 We will answer you by next Wednesday. (다음 수요일까지 결론을 말씀드리겠습니다.)와 같이 기한을 말해야 한다.

이처럼 비즈니스 영어에서는 원어민이 사용하는 난해한 단어와 문법을 열심히 암기하기보다는 기본적인 단어와 문법에 담긴 뉘앙스를 제대로 이해하고 구분해서 표현을 사용할 줄 아는 것이 더 중요하다.

한 번 읽으면 절대 잊을 수 없는 비즈니스 영어 교과서 | Homeroom ④

비즈니스 영어 실력이 최단기간에 향상되는 4단계

 단어에 담긴 뉘앙스

비즈니스 영어에는 말하기, 듣기, 읽기, 쓰기의 네 가지 요소가 있다. 그리고 이 네 가지에는 배우는 순서가 있다.

오른쪽 그림을 보자. 나는 이 순서가 비즈니스 영어뿐만 아니라 영어 학습을 위한 절대적인 법칙이라고 생각한다.

처음에는 반드시 말하기에만 집중한다. 듣기 훈련은 말하기의 기초를 다진 다음에 한다. 대부분 말하기와 듣기를 동시에 훈련하지만, 이는 오히려 영어 실력 향상을 방해하는 행동이라고 해도 과언이 아니다.

말하기의 기초를 다진 다음에 듣기 훈련으로 넘어가면, 듣기 능력이 단기간에 놀라울 정도로 향상된다. 말하기는 영어의 기본적인 규칙과 문법을 이해한 후에 머릿속으로 영어로 작문하는 일이고, 듣기는 머릿속으로 영어 문장을 한국어로 번역하는 일이기 때문이다. 말하기에서 사용할 줄 모르는 어려운 단어와 문법, 표현은 듣기에서도 못 알아듣는 경향이 있으므로, 말하기와 듣기를 동시에 공부하는 방법은 비효율적이다. 특히 초급자 단계에서는 무엇보다도 말하기 공부에 전념해야 한다.

그리고 세 번째가 읽기, 네 번째가 글쓰기 되겠다. 사실 말하기와 듣기의 기초가 완성되면, 읽기와 쓰기의 기초도 동시에 완성된다. 따라서 읽기와 쓰기를 학습할 때, 비즈니스 특유의 정해진 형식을 익히는 데만 집중할 수 있게 되어 단기간에 실력이 향상된다.

그림 H-3 최단기간에 비즈니스 영어 실력이 향상되는 학습법의 4단계

STEP ① 말하기

> 영어 학습의 핵심은 말하기다. 특히 초급자 단계에서는 무엇보다도 말하기 공부에 전념해야 한다.

STEP ② 듣기

> 말하기에서 사용할 줄 모르는 단어와 문법, 표현은 듣기에서도 못 알아듣는 경향이 있다. 따라서 말하기를 익힌 다음에 듣기로 들어가면 단기간에 실력이 향상된다.

STEP ③ 읽기

> 말하기와 듣기의 기초가 완성되는 동시에 읽기와 쓰기의 기초도 완성된다. 따라서 듣기와 쓰기를 학습할 때, 비즈니스 특유의 정해진 형식을 익히는 데만 집중할 수 있게 되어 단기간에 실력이 향상된다.

STEP ④ 쓰기

제 1 장

비즈니스 영어 말하기

| 제1장 | 비즈니스 영어 말하기 | | 발음·강세 |

정확한 발음을 고집하지 않아도 된다

 국제 표준 영어의 현주소

일본인은 원어민(미국 영어와 영국 영어 화자)의 발음과 강세를 익히는 데 집착하는 경향이 있는 것 같다. 그러나 일본인을 제외한 비원어민들은 보통 원어민의 발음과 강세를 따라 하려고 그렇게까지 애쓰지 않는다. **30년 넘게 동시통역 일을 해 온 나는 발음과 강세에 대해 '상대방에게 통하기만 하면 된다'고 생각한다.**

비원어민 중에는 발음과 강세를 달리하는 사람이 많다. 예를 들어, 원어민은 bridge(다리)를 '브릿지' 하고 '릿'에 강세를 두어 발음하는 데 비해, 비원어민은 흔히 '브릿지' 하고 첫머리에 강세를 두어(혹은 강세조차 없이) 말하고는 한다.

comfortable(쾌적한) 역시 원어민은 '컴퍼터블' 하고 앞에 강세를 두지만, 비원어민 중에는 '컴퍼터블' 하고 가운데에 강세를 두는 사람이 많다. 이런 일이 수두룩하다. 일본인은 대부분 '그렇게 발음하면 안 돼!'라고 생각하지 않을까. 실제로 학교 영어 시험에서는 오답으로 처리될지도 모른다. 그러나 비즈니스 회화에서는 상대방의 발음이 틀려도 아무런 문제가 되지 않는다.

표현에 관해서도 마찬가지다. 비즈니스 영어에서는 '~하고 싶다'라고 말할 때 존댓말(겸양어)인 I'd like to ~라는 표현을 사용한다. 하지만 비원어민 중에는 어떤 상황에서든 I want to ~라는 표현 하나로 끝내는 사람도 정말 많다. 더불어 오른쪽 그림과 같이 영국 영어와 미국 영어 사이에서도 표현에 많은 차이를 보인다.

그림 1-1 비즈니스에서 흔히 볼 수 있는 영국 영어와 미국 영어의 차이

영국 영어와 미국 영어의 차이 ① | 시제편

'이미 끝났는가 아닌가'를 묻는 경우 영국 영어에서는 '현재완료형', 미국 영어에서는 '과거형'을 사용하는 경향이 있다.

예: 저희 서신은 받으셨나요?

[영국 영어] Have you received our letter?
[미국 영어] Did you receive our letter?

영국 영어와 미국 영어의 차이 ② | 동사편

'취하다'는 동작을 표현할 때 영국 영어에서는 'have', 미국 영어에서는 'take'를 사용하는 경향이 있다.

예: 휴식을 취하세요.

[영국 영어] Have a break.
[미국 영어] Take a break.

영국 영어와 미국 영어의 차이 ③ | 철자편

영국 영어에서는 동사의 어미에 '_se', 미국 영어에서는 동사의 어미에 '_ze'를 사용하는 경향이 있다.

예: 우리는 새로운 팀을 편성할 것입니다.

[영국 영어] We will organise a new team.
[미국 영어] We will organize a new team.

| 제 1 장 | 비즈니스 영어 말하기 | 문법 ① 시제 |

비즈니스 영어에서의 '현재형'과 '미래형'의 차이

 비즈니스에서 자주 사용하는 시제는 한정적이다

학교에서 배우는 시제는 열다섯 가지다. 그러나 비즈니스 영어에서는 대개 Homeroom에서 소개한 현재완료형에 더해 **과거형**, **현재형**, **미래형**, **현재진행형** 정도만 구사할 줄 알면 충분하다. 각각의 뉘앙스 차이에 주목해 보자.

 과거형

먼저 과거형은 '이미 동작이 종료되어 지금 할 일이 없는' 상태를 나타낸다. 예를 들면, 다음과 같은 문장을 들 수 있다.

> I **finished** writing the report.
>
> (저는 그 보고서를 끝냈습니다.)

 현재형

다음은 현재형이다. 학교에서는 '현재의 행동이나 상태를 나타낸다'라고 배우지만, 다음과 같이 **비즈니스에서는 '확실하게 할 것이다'라는 뉘앙스로 사용되는 경우가 더 많다.**

> I finish writing the report today.
>
> (저는 오늘 그 보고서를 **끝내겠습니다**.)

비즈니스 영어에서는 이와 같은 '오늘 ○○을 끝내겠습니다'라는 표현을 많이 사용한다.

 ## 미래형

그런데 '끝나지 않았다'는 말인즉슨 미래의 일을 표현한다고도 할 수 있다. 그렇지만 이 문장에 미래형을 사용하면 뉘앙스가 약간 달라진다. 위의 문장을 미래형으로 고쳐 쓰면 다음과 같다.

> I **will finish** writing the report today.
>
> (저는 오늘 그 보고서를 **끝낼 생각입니다**.)

조동사 will은 현재형과 달리 '불확실성'을 표현하는 말이다. 정확도로 따지자면 80% 정도다. **미래형을 사용하면 '보고서를 오늘 중으로 끝낼 생각이지만, 끝나지 않을지도 모른다'는 뉘앙스가 전해진다.**

다만, '오늘 중으로 끝내겠습니다!' 하는 의지만큼은 상대에게 전해질 것이다. 미래의 일은 아무도 모른다. 어쩌면 다른 일정이 잡히거나 일이 생겨 오늘 중으로 보고서를 끝내지 못할 수도 있다. 비즈니스 영어에서 사용되는 현재형과 미래형에는 이러한 차이가 있다.

 **현재진행형**

비즈니스 영어에서는 진행형 중에서도 현재진행형을 많이 사용한다. 과거 진행형과 미래 진행형은 그다지 사용하지 않는다.

  현재진행형은 다음과 같이 상사와 부하가 대화할 때 '현황 보고'를 한다는 뉘앙스가 풍기는 상황에서 자주 사용된다.

> What are you doing now?
> (자네는 지금 무엇을 하고 있나?)
> I am writing the report.
> (저는 지금 보고서를 작성하고 있습니다.)

| 제 1 장 | 비즈니스 영어 말하기 | | 문법 ② 조동사 |

발언에 깊이를 더하고 싶을 때 '조동사'를 사용한다

 ### 비즈니스 영어에서 자주 나오는 조동사 표현

조동사는 이름 그대로 '동사를 보조하는 말'이다. 동사만으로는 표현할 수 없는 뉘앙스를 주고 싶을 때 유용하다.

여기에서는 앞에서 이야기한 will 이외에 비즈니스 영어에서 자주 사용하는 조동사를 소개하겠다.

 ### 《비즈니스 영어에서 자주 나오는 조동사 ①》 can

비즈니스 영어에서 can은 '~할 수 있다' 말고도 다음과 같은 의미로 많이 사용한다.

① ~할 가능성이 있다

A big earthquake **can** happen in Busan area.

(부산 지역에서 큰 지진이 일어날 가능성이 있다.)

② ~일 리가 없다 (can't: 부정문으로 사용)

Such a mistake **can't** occur.

(그런 실수가 일어날 리가 없다.)

'~할 가능성이 있다'라는 의미로 can을 사용하면 말에 깊이가 더해진다.

It can be a big mistake. (그것은 큰 실수가 될 가능성이 있다.) 이처럼 표현하는 일이 많다. 비즈니스 영어에서 자주 나오는 표현이다.

'~일 리가 없다'는 의미인 can't도 비즈니스 영어에서 자주 사용되는 표현이다. 무심코 '~할 수 없다'는 의미로 해석하기 쉬우니 주의하자. 참고로 예문에서는 축약형인 can't를 사용했지만, cannot이라고 해도 상관없다. 더불어 can not과 같이 띄어 쓰는 형태로는 별로 사용하지 않지만, 틀린 말은 아니다.

《비즈니스 영어에서 자주 나오는 조동사 ②》 may

may는 '~일지도 모른다'라는 의미로 유명하지만, **비즈니스 영어에서는 '~하는 일도 있다' 하는 가능성에 초점을 맞춘 뉘앙스로 자주 쓰인다.** 예를 들어, 다음과 같이 표현한다. 학교에서는 배울 기회가 별로 없었겠지만, 비즈니스 영어에서는 자주 나오는 표현이다.

> She **may** fail.
> (그녀가 실패하는 일도 있다.)

《비즈니스 영어에서 자주 나오는 조동사 ③》 don't have to ~

don't have to ~는 '~하지 않아도 된다 / ~할 필요가 없다'라는 의미다. 학교에서도 배우는 표현이니 친숙할 것이다. need not ~도 같은 의미를 지닌 표현이지만, **비즈니스 영어에서는 압도적으로 don't have to ~를 사용한다.** You don't have to come so early. (그렇게 서둘러 오지 않아도 돼요.)는 비즈니스 영어뿐만 아니라 일상 회화에서도 자주 사용하는 표현이다.

《비즈니스 영어에서 자주 나오는 조동사 ④》 should

should를 사용한 표현은 많지만, **비즈니스 영어에서는 다음과 같은 '~할 것이다'라는 표현을 알아 두면 충분하겠다.**

> The bus **should** come soon.
> (버스는 곧 올 것이다.)
> We **should** get the answer from him today.
> (오늘 그에게서 답을 들을 수 있을 것이다.)

| 제1장 | 비즈니스 영어 말하기 | 문법 ③ 흐름을 만드는 접속사 |

'접속사'로 흐름을 만든다

 접속사의 역할

접속사는 이름 그대로 문장과 문장을 연결하는 역할을 한다. **비즈니스 영어에서는 접속사를 감탄사(화자의 희로애락 등 감정을 표현하는 말)와 비슷한 역할로 사용해 문장에 흐름을 만드는 경우가 많다.**

여기서는 비즈니스 영어에 자주 등장하는 접속사를 중심으로 설명하겠다.

 1. so

so는 다음과 같은 두 가지 의미로 알아 두자.

> **so의 두 가지 의미**
>
> ① 그래서, 그 때문에
>
> Nobody was there, **so** I came back.
>
> (그곳에 아무도 없었습니다. 그래서 저는 돌아왔습니다.)
>
> ② 자, 그럼
>
> **So**, what should we do?
>
> (자, 그럼 우리는 어떻게 해야 할까요?)

학교에서도 배우는 대표적인 번역이 '그래서'다. 첫 번째 문장 뒤에 so를 붙인다. **so의 앞은 원인, 뒤는 결과를 나타낸다.**

'자, 그럼'은 문장 앞에서 사용하며, 감탄사처럼 번역한다. 비즈니스 영어에서 자주 나오는 표현이다. 말이 안 나올 때 일단 so라고 말하면서 그사이에 다음에 할 말을 생각하는 시간을 벌기도 한다. 한국어로 치면 '자, 그렇다면'과 같은 느낌으로, 마찬가지로 대화가 너무 오래 끊어지지 않도록 한다.

2. now

now는 부사어로서 '지금은'이라는 의미도 있지만, **비즈니스 영어에서는 접속사 역할을 많이 한다.**

> ① 그럼
>
> **Now**, let's get into next page.
>
> (그럼, 다음 페이지로 넘어가 봅시다.)

now도 감탄사처럼 사용한다. so와 비슷한 뉘앙스가 있으며, 대화가 끊기는 시간을 채울 수 있다. Now, let's get into next page. 하고 단숨에 말하지 않고 Now,에서 말을 한 번 끊고 잠시 쉬었다가 let's get ~ 하고 이어가는 것이 포인트다.

3. as / since / because

as, since, because는 모두 '~이라서', '~이므로'라는 의미다. **비즈니스 영어에서는 since를 가장 많이 사용한다.**

"오늘은 날씨가 좋아서 빨래를 해야겠다."

① **as**

   As it is fine today, I will do laundry.

② **Since**

   Since it is fine today, I will do laundry.

③ **because**

   I will do laundry, **because** it is fine today.

as와 since는 말머리에, because는 문장과 문장 사이에서 사용한다.

이 말들을 어떻게 구분해 사용할 것인가에 관해서는 다양한 기준이 있다. 여기서는 as와 since는 결론에, because는 원인에 초점을 맞춘 뉘앙스가 전해진다. 즉, as와 since는 I will do laundry. (빨래를 해야겠다.)에 초점이 맞추어진 한편, because는 it is fine today. (오늘은 날씨가 좋다.)에 초점이 맞추어져 있다.

복잡해 보일 수 있지만, 세 가지 표현 모두 쉼표 바로 뒤에 오는 문장에 초점이 맞추어져 있다고 생각하면 쉽게 이해될 것이다.

 4. for

for는 비즈니스 영어에서 전치사로 많이 쓰이지만, 접속사 '그렇다는 것은 ~이니까'라는 의미로 사용되는 경우도 많다. 특히 프레젠테이션을 할 때 자주 등장하는 말이다. for는 as, since, because와 거의 같은 뉘앙스로 사용된다. 예문을 한번 살펴보자.

"고객님이 화가 나신 것 같으니 제가 대응하겠습니다."

① as, since

> As[Since] the customer is upset, I will take care of her.
>
> ② because
>
> I will take care of the customer, because she is upset.
>
> ③ for
>
> I will take care of the customer, for she is upset.

because와 마찬가지로 **for도 원인에 초점이 맞추어진 뉘앙스를 풍긴다.** because와 다른 점은 for에서 말을 한 번 끊어 잠시 멈춘다는 것이다. 문장을 단숨에 읽어 버리면 for의 뉘앙스를 살릴 수 없으므로 주의하자.

5. anyway

anyway는 접속사가 아닌 부사이지만, 대화 문장에서 많이 쓰이는 표현이므로 여기서 소개한다.

> Anyway, let's have a meal first.
>
> (여하튼, 우선은 식사를 합시다.)

anyway는 '여하튼'이라는 의미로 사용한다. so나 for와 마찬가지로 anyway에서 한 번 끊어서 말을 잠시 멈추는 시간을 두면 상대에게 더 쉽게 전달된다.

6. somehow

somehow도 접속사가 아닌 부사다. 대화 문장에서 자주 사용되는 데 비해 학교 수업에서는 잘 다루지 않아 익숙하지 않을 수도 있다.

> **Somehow**, the letter was back.
> (**무슨 이유에서인지**, 편지가 돌아왔습니다.)

somehow의 의미는 '무슨 이유에서인지'다. 원인이나 이유가 분명할 때 사용하는 as, since, because, for와 달리 **somehow는 원인이나 이유가 명확하지 않을 때 사용한다.** so, for, anyway와 마찬가지로 somehow에서 한 번 끊어서 말을 멈추는 순간을 만들도록 하자.

 7. I mean

I mean도 접속사가 아닌 관용구다. 아주 유용한 표현이므로 꼭 알아 두자. 의미는 '즉'이다. 이해하기 어려운 말을 고쳐 말하는 뉘앙스가 있다.

> I am so exhausted. **I mean** I am tired.
> (저는 기진맥진한 상태입니다. 즉, 피곤하다는 말입니다.)

 8. in short

in short도 접속사가 아닌 전치사구다. '즉'이라는 의미다.

> **In short**, communication skill is the most important.
> (즉, 커뮤니케이션 기술이 매우 중요하다는 말입니다.)

이야기가 길어졌을 때 요점을 정리하는 목적으로 자주 사용한다. 프레젠테이션이나 회의에서 무심코 말을 너무 오래 했다면, in short를 사용해서 요점을 정리하도록 하자.

 9. in case

in case도 접속사가 아닌 전치사구다. 비즈니스에서도 때때로 사용된다. 의미는 '~하는 경우를 대비해서', '~하면 큰일이니까'다.

> **In case** it rains, you should take an umbrella.
> (비가 올 것을 대비해서[비가 오면 큰일이니까] 우산을 가지고 가는 게 좋아요.)

10. now that

now that은 '이미 ~해서'라는 의미다. 기본적으로 말머리에 둔다. 비즈니스에서도 사용하는 표현이다.

> **Now that** we started this project, we can not turn back.
> (이미 이 프로젝트를 시작해서 되돌릴 수 없습니다.)

그림 1-2   접속사 정리

1. so (그래서, 그 때문에 / 자, 그럼)
Nobody was there, so I came back.
So, what should we do?

2. now (그럼)
Now, let's get into next page.

3. as / since / because (~이라서 / ~이므로)
As[Since] it is fine today, I will do laundry.
I will do laundry, because it is fine today.

4. for (그렇다는 것은 ~이니까)
I will take care of the customer, for she is upset.

5. anyway (여하튼)
Anyway, let's have a meal first.

6. somehow (무슨 이유에서인지)
Somehow, the letter was back.

7. I mean (즉)
I am so exhausted. I mean I am tired.

8. in short (즉)
In short, communication skill is the most important.

9. in case (~하는 경우를 대비해서 / ~하면 큰일이니까)
In case it rains, you should take an umbrella.

10. now that (이미 ~해서)
Now that we started this project, we can not turn back.

| 제1장 | 비즈니스 영어 말하기 | | 문법 ④ 임팩트를 주는 접속사 |

'접속사'로 임팩트를 준다

 역접과 첨가를 표현하는 접속사를 사용해 주목을 모은다

앞에서 흐름을 만드는 역할을 하는 접속사를 살펴보았다. 여기서는 비즈니스에서 자주 등장하는 **'임팩트를 주는 접속사'** 세 가지를 소개하겠다.

임팩트를 주는 접속사

1. besides
2. however
3. therefore

'임팩트를 준다'란 역접 표현을 사용한다는 말이다. 역접 표현은 듣는 사람의 주목을 모으는 데 매우 효과적인 방법이다.

역접 표현뿐만 아니라 '게다가'와 같은 첨가 표현으로도 임팩트를 줄 수 있다. 예문을 보며 차례로 확인해 보자.

 《임팩트를 주는 접속사 ①》 besides

besides는 **'게다가'라는 첨가를 의미**한다.

그밖에 첨가를 의미하는 말로 moreover와 furthermore 등도 있다. 비즈니스 영어에서는 besides를 많이 사용한다.

> She is well off. **Besides**, she has a good personality.
> (그녀는 부유하다. 게다가, 인격자이기도 하다.)

besides는 표기 방식에 특징이 있다. 바로 앞 문장을 마침표로 일단 끝낸다는 점이다. 'Besides,' 이처럼 일반적으로 대문자로 시작하고 마지막에 쉼표를 찍는다.

'그녀는 부유하다'뿐만 아니라 '인격자다'라고 덧붙임으로써 듣는 사람에게 임팩트를 줄 수 있다.

 《임팩트를 주는 접속사 ②》however

however는 '하지만'이라는 의미로 기억하는 사람이 많지 않을까. but과 함께 역접을 대표하는 말이다. **비즈니스에서는 but보다 however를 더 많이 사용한다.**

> What he said makes sense, **however**, we don't agree with him.
> (그가 말한 것은 이치에 맞다. 하지만, 우리는 찬성할 수 없다.)

however가 대화에서 임팩트를 주는 데 가장 많이 쓰인다고 기억해 두도록 하자. 발언 내용에 대해 더욱 주목을 모으는 효과가 있다.

《임팩트를 주는 접속사 ③》 therefore

therefore는 '그러므로', '따라서'라는 의미로 쓰인다. since, for와 함께 therefore도 자주 사용하는 표현이다.

> The procedure is almost impossible, **therefore**, the plan has been called off.
> (그 절차에는 무리가 있다. 그러므로, 그 계획은 중지되었다.)

| 제1장 | 비즈니스 영어 말하기 　　　　　　　　　　　　　　　　| 문법 ⑤ 반어 |

'반어'로 상대에게 결론에 대한 인상을 각인시킨다

 반어의 역할

학교 수업에서는 그다지 중점적으로 가르치지 않는 모양이지만, 비즈니스 영어에서는 **'반어'** 가 많이 쓰인다. 예를 들면, 한국어로 "다이어트 중에 케이크를 먹어도 될까?" 하는 말 뒤에는 '아니, 먹어도 될 리가 없다'라는 문장이 숨어 있다. 이것이 반어 표현이다.

영어에도 비슷한 반어 표현이 있다. can을 사용해 반어를 표현할 수 있다.

 can을 사용한 반어 표현

can으로 의문문을 만들면 '~할 수 있습니까?'라는 의미뿐만 아니라 '~것일까? (아니, ~일 리가 없다)'라고도 표현할 수 있다.

> **can을 사용한 반어 예문**
>
> Can we oppose each other?
> (우리는 서로 적대해도 되는 것일까? <u>(아니, 좋을 리가 없다.)</u>)

이처럼 의문문으로 물어보면서 사실은 그 반대의 표현을 강조하는 셈이다.

애초에 왜 반어라는 표현이 있을까? 그 이유는 <u>**대화에 임팩트를 줄 수 있기**</u> 때문이다. 일

대일 대화에서도 반어를 들을 수 있지만, 굳이 따지자면 **미팅이나 프레젠테이션 등 많은 사람 앞에서 발표할 때 더 많이 사용한다.** 반어를 사용하면 상대방에게는 그 문장이 강조되어 들린다.

따라서 '여기서 강조하고 싶어!' 싶은 가장 중요한 장면에서 반어를 사용하면 효과적이다.

would와 should를 사용한 반어 표현

can 외에 **would나 should를 사용한 반어 표현도 있다. should는 can보다 더 딱딱한 표현이다.** would나 should를 의문사와 함께 사용하며 의문문을 만들면 다음과 같이 **'~것일까? (아니, ~일 리가 없다)'라는 의미**가 된다.

[would나 should를 사용한 반어 예문]

Who would[should] understand such a difficult explanation?

(그런 어려운 설명을 누가 이해할 것인가? (아니, 아무도 이해할 리가 없다.))

그 밖에 '뒤에 숨겨진 말'이 있는 표현

그 밖에도 '뒤에 숨겨진 말'이 있는 표현들이 있다.

예를 들어, should have+과거분사로 '~해야 했는데 (하지 않았다)', should not have로 부정문으로 만들면 '~하지 말았어야 했는데 (하고 말았다)'와 같이 과거에 대한 후회를 나타내는 표현이 된다.

가정법 역시 '뒤에 숨겨진 말'이 있는 표현이다.

예를 들면, If I had enough money, I would buy a new car. (돈이 충분하다면, 새 차를 사겠는데.)는 그 뒤에 '돈이 없어서 차를 살 수 없다'라는 말이 숨겨져 있다.

| 제1장 | 비즈니스 영어 말하기 | 문법 ⑥ 형식 |

'3형식'을 축으로 문장을 만든다

 비즈니스 영어에서는 3형식이 중요하다

비즈니스에서는 일상 회화에서보다도 더 '누가', '누구에게 / 무엇을', '어떻게 한다', 이 세 가지가 중요하다.

　일상 회화에서는 이 세 가지 내용에 다소 잘못된 점이 있더라도 특별히 큰 문제가 될 일은 별로 없다. 그러나 비즈니스 영어에서는 돈을 내는 것이 '귀사'인지 '자사'인지에 따라서 상황이 180도 달라진다.

　<u>영어로 '누가', '누구에게 / 무엇을', '어떻게 한다'를 표현할 때는 3형식을 사용한다.</u> 따라서 <u>비즈니스 영어에서는 더욱더 3형식 문장을 잘 구사할 줄 알아야 한다.</u>

　다시 한번 3형식과 한국어의 어순 차이를 복습해 보자.

【한국어】　'누가' <u>'누구에게 / 무엇을'</u> '어떻게 한다'
【영어】　　'S: 누가' + 'V: 어떻게 한다' + 'O: 누구에게 / 무엇을'

　한국어도 영어도 '누가'에 해당하는 주어를 문장의 첫머리에 두는 점은 똑같다. 한국어에서는 '어떻게 한다'에 해당하는 서술어가 문장의 마지막에 오는 것이 일반적이지만, 영어에서는 주어 다음에 동사가 온다. 그리고 동사 뒤에 '누구에게 / 무엇을'에 해당하는 목적어를 둔다. 한국어에서는 어순이 다소 뒤섞여도 문맥으로 의미를 알 수 있지만, 영어는 어순이 하나라도 틀리면 의미가 통하지 않는다.

어순의 변화와 주의해야 할 문장

다음 예문을 살펴보자.

앞서 소개했던 어순, '누가', '누구에게 / 무엇을', '어떻게 한다'와 다른 표현도 포함되어 있다.

> ① I'm going to introduce our new boss.
>
> (저희의 새로운 사장님을 소개합니다.)
>
> ② Let's welcome him!
>
> (사장님을 환영합시다.)
>
> ③ And I want you to have good conversation with him today.
>
> (오늘은 사장님과 즐거운 이야기를 나누었으면 합니다.)
>
> ④ We will give him our present for arrival at his post.
>
> (이번 취임을 축하하며 사장님께 선물을 드리고자 합니다.)

예문 ①은 앞서 이야기한 '누가', '어떻게 한다', '무엇을' 순서로 이루어져 있다.

②에는 주어가 없다. 이러한 문장을 **명령문**이라고 한다. 회화에서는 문장의 첫머리에 Let's (~하자!)나 Please (~해 주세요)와 같은 말이 자주 나온다.

③은 조금 복잡하다. 크게 보면 '누가', '어떻게 한다', '누구에게', '무엇을' 순서로 쓰여 있다. to have good conversation은 **부정사**라고 하는데, 부정사도 '어떻게 한다', '무엇을' 순서가 되므로 주의하자.

④는 '누가', '어떻게 한다', '누구에게', '무엇을', 이러한 순서인데, 일반적으로 '누구에게' 부분에는 '사람'이, '무엇을' 부분에는 '사물'에 해당하는 단어가 들어간다.

| 제 1 장 | 비즈니스 영어 말하기 | | 시간·장소·숫자 |

절대로 틀려서는 안 될 '시간', '장소', '숫자'

 실수가 용납되지 않는 무서운 말

'누가', '누구에게 / 무엇을', '어떻게 한다'와 함께 중요한 것이 바로 **'시간'**, **'장소'**, **'숫자'**다. 비즈니스 자리에서 이 세 가지를 틀리면 큰 문제가 될 수 있다. 다음 예문을 살펴보자.

> Let's meet up at just 9 a.m. in front of the bus stop of the station, but in case it rains, in the cafeteria next to the bus stop. But the time won't be changed anyway.
> (역 버스 정류장 앞에서 오전 9시 정각에 만납시다. 하지만 비가 오면 버스 정류장 옆에 있는 카페테리아 안에서 만납시다. 하지만 어찌 되었든 시간은 변함없습니다.)

이 예문에는 주의할 점이 두 가지 있다. 첫 번째는 '버스 정류장 앞'과 '카페테리아 안'으로 장소가 두 군데 나온다는 점이다. 찬찬히 글자로 읽으면 문제없지만, 대화 중에 흐르는 말로 들을 때는 쉽게 혼란스러워진다.

혹여 헷갈릴 때는 반드시 되묻는 것이 중요하다. 쓸데없는 문제를 만들지 않기 위해서라도 이해하지 못했을 때는 바로 되묻는 습관을 들이자. 그럼 어떻게 되물어야 할까? 나라면 다음과 같이 말하겠다.

> Basically, in front of the bus stop of the station, OK?
>
> (기본적으로는 역 버스 정류장 앞이라는 말이죠?)

그리고 If it rains, in the cafeteria, OK? (만약 비가 온다면 카페테리아 안이고요?) 하고 비가 올 때 만날 장소에 대해서도 되묻는다.

이렇게 하면 잘못 듣거나 놓치는 일이 없어진다. 통역사는 '시간', '장소', '숫자'를 틀리는 일이 허용되지 않기 때문에, 나는 몇 번이고 확인한다는 마음으로 항상 확인하는 버릇을 들였다.

두 번째 주의할 점은 '시간'이다. 9 a.m.이라는 시간을 나타내는 말 뒤에 won't be changed 하고 부정문인 말을 들리면, '결국 몇 시지?' 싶어 혼란스러워지기 쉽다. 이러할 때도 제대로 해석했는지 불안하다면 바로 되묻도록 한다. 이 경우에는 The time is 9 a.m., OK? 하고 되묻는다.

 ## 돈에 관한 표현은 어렵다

마지막은 숫자다. 특히 금액에 관해서는 주의해야 한다.

다음 예문을 한번 보자.

> The price of the new car will be twenty-four thousand eight hundred fifty dollars.

읽을 때야 특별히 문제 될 것 없겠지만, 대화 중에 상대방이 술술 말하면 의외로 알아듣기 어려운 문장이다. 24,850달러라는 금액이 바로 머릿속에 떠오르지 않는다면 바로 상대방에게 확인한다.

이때 되묻거나 고쳐 말하기보다는 종이에 숫자를 적어서 상대방에게 보여 주기를 권장한다. 종이 말고도 스마트폰 계산기 앱을 활용할 수 있다. 실제로 스마트폰을 이용해 숫자를 확인하는 사람들의 모습을 종종 봤다.

상대방에게 숫자를 보여 줄 때는 Is this right? 하고 말을 덧붙인다.

| 제 1 장 | 비즈니스 영어 말하기 | | 단어 ① |

원어민과 동등한 단어 실력을 갖출 필요는 없다

 토익(TOEIC)이나 실용영어기능검정 시험이 전부는 아니다

내 생각에는 단어 공부에 필요 이상으로 힘을 쏟는 사람이 많은 것 같다.

세계적인 일본 기업에서는 일반적으로 토익 점수 600 정도, 실용영어기능검정으로 치면 2급(고등학교 재학생 수준) 이상을 요구하는 모양이다. 업무상 해외 출장이나 부임이 포함되는 경우에는 토익 점수 740 정도, 실용영어기능검정으로 말하면 준1급(고등학교 졸업자 수준)이 필요하다고 한다.

30년 넘게 통역 일을 해 온 경험에 비추어 보아도 그 기준이 틀렸다고는 생각하지 않는다. 다만, 그 기준은 원어민과 의사소통한다는 것을 전제로 한다.

아마도 당신이 비즈니스 자리에서 마주하게 될 상대는 비원어민일 확률이 상당히 높을 것이다. 따라서 **비즈니스 영어를 배울 때는 원어민과 '대등'한 단어 실력을 갖추는 데 방대한 시간을 할애하기보다 상대가 누구라도 유연하게 대응할 수 있는 의사소통 능력 기르기가 더 중요하다**는 것이 나의 생각이다.

예를 들어, '관세'라는 뜻을 가진 tariff라는 단어가 있다. tariff는 일반적인 비즈니스 용어이기는 하지만, 만약 비즈니스 상대인 비원어민이 그 말을 모른다면 어떻게 말해야 할까?

관세는 '수입할 때 붙는 세금'이므로 import tax가 하나의 방안이 될 수 있겠다. 그러면 비원어민도 대부분 이해할 수 있을 것이다.

물론 import tax라는 표현은 원어민이 보기에 잘못된 영어 표현이고, 사전에도 나와 있지 않다. '영어를 잘하는 사람'이 보기에는 "import tax 같은 이상한 표현은 사용하지 마!" 하고 화낼 수도 있지만, 비즈니스에서는 '통하면 OK'다.

비즈니스 영어 관점에서 말하자면, 중학교에서 배우는 단어들을 완벽하게 알아 두면 기본적으로는 문제될 일은 없다.

 ## 중학교 영어 수준의 실제 예시

다음 두 가지 예문을 살펴보자. 두 문장 모두 '필요한 자료는 다음 주 수요일까지 우편으로 보내 드리겠습니다'라는 의미다.

원어민을 대상으로 한 표현과 중학 영어 수준의 간단한 표현 두 가지를 만들어 보았다.

> (원어민을 대상으로 한 "어려운" 표현)
> You will obtain the necessary materials by postal mail by next Wednesday.
> (비원어민도 이해할 수 있는 "쉬운" 표현)
> We will send you the necessary materials by next Wednesday.

materials는 '소재'가 아닌 '서류'라는 의미다.

비원어민 중에는 '입수하다'라는 의미인 obtain을 이해하지 못하는 사람이 있을 수 있다. 하지만 간단한 표현으로 만든 문장은 누구나 이해할 수 있을 것이다.

 ## 문법이나 표현의 오류는 상상력으로 보완한다

비원어민 쪽에서도 원어민 영어와 다른 문법이나 단어를 사용하는 경우가 많다. 예를 들면, 싱가포르에서는 He is swimming을 He swimming이라고 be 동사를 빼고 표현한다.

단어도 마찬가지다. 동남아시아에서는 desk와 table을 구분하지 않고 모두 table로 표현한다. 그 밖에도 bus(버스)를 truck(트럭)이라고 표현하는 지역도 있다. 그 지역의 버스들이 승객들을 트럭 짐칸 같은 곳에 태운다는 의미에서 버스가 아닌 트럭으로 표현한다.

토익 단어집을 들고 무작정 암기하지 않는다!

어휘를 늘리려고 토익 단어집을 선택하는 방법은 권하고 싶지 않다. 토익 단어집은 비즈니스 영어 공부용으로는 그다지 도움이 되지 않기 때문이다. 사실 비즈니스 영어에서 사용하는 단어는 일상 회화와 90%가 같다. 그리고 일상 회화에서 사용하는 단어는 중학교 영어 수준만 알아 두면 문제없다.

토익에는 일상 회화에서 자주 사용하지 않는 단어들이 잔뜩 나온다. 따라서 비즈니스 영어와 직결되는 단어 실력을 늘리고 싶다면, 토익용 단어집이 아닌 중학교 영어 혹은 고등학교 영어 단어집을 선택하는 편이 훨씬 효율적이다.

학교에서 배우지 않는 '나머지 10%' 영어 단어란

그러면 일상 회화에서 나오지 않는 10%의 단어에는 어떤 것이 있을까? 바로 일반적인 비즈니스 용어와 업종별 전문용어다.

다음은 일반적인 비즈니스 용어의 일례다.

> tariff '관세'
> means of transport '수송 수단'
> money transfer '송금'
> stock '재고'

> unloading '양하'
>
> progress '진행 상황'
>
> delivery note '납품서'

미국 영어라면 means of transport를 means of transportation이라고도 할 수 있다. stock은 복수형으로 사용하기도 한다. '재고'라는 의미 외에 '주식'이라는 의미도 있다. '양하(짐 내리기)'라는 의미인 unloading의 반대말은 loading '선적(짐 싣기)'이다.

| 제1장 | 비즈니스 영어 말하기 | 단어 ②

단어를 모르면 다른 표현으로 바꾸면 된다

비즈니스 용어를 몰라도 대화는 할 수 있다

대학이나 영어 학원에서 가르치는 학생들은 종종 "비즈니스 영어 단어나 표현을 외워야 할까요?"라고 묻는다. 내 대답은 "아는 편이 낫다."다. 당연히 단어나 표현을 하나라도 더 많이 알아서 나쁠 것은 없다. 문제는 잘 쓸 수 있는가 아닌가다. 기껏 외워도 실제 대화에서 사용하지 못하면 의미가 없다.

사실 비즈니스 영어 표현을 모른다고 해서 비즈니스 이야기를 할 수 없는가 하면, 전혀 그렇지 않다. 다음 예문을 한번 보자.

> Our project is still in the initial stage.
> (우리 프로젝트는 아직 초기 단계다.)

in the initial stage는 '초기 단계에서'라는 뜻으로, 비즈니스 영어 표현이다.

일상 대화에서는 in the initial stage라는 표현을 별로 사용하지 않는다. 이런 표현들을 머릿속에 집어넣으려고 해도 쉽지 않을 것이다.

통역 일을 하면서 늘 비즈니스 현장에 있는 나 같은 사람은 계속 나오는 익숙한 표현이라서 자연스럽게 외우게 되지만, 대부분은 그렇지 않을 것이다.

그럼 어떻게 하면 좋을까? **단어를 모르면 다른 표현으로 바꾸면 된다.**

> Our project is still in the initial stage.
>
> (우리 프로젝트는 **아직 초기 단계다**.)
>
>
>
> Our project just started.
>
> (우리 프로젝트는 **이제 막 시작했다**.)

굳이 in the initial stage라는 표현을 사용하지 않아도 Our project just started로도 충분히 상대에게 의미가 전해진다.

 표현을 바꾸어도 괜찮다!

예문을 하나 더 살펴보겠다.

> This negotiation has reached an agreement.
>
> (이번 협상은 합의에 이르렀습니다.)
>
>
>
> We have agreed with each other.
>
> (우리는 서로 합의했습니다.)

reach ~ an agreement는 '합의에 이르다'라는 표현이다. 이 역시 '우리는 서로 합의했습니다'라는 표현으로 바꾸어도 전혀 문제 될 것 없다.

어려운 표현을 하려고 생각하다 대화가 끊길 바에는 간단한 표현을 사용해 대화를 이어가는 데 주력하는 것이 훨씬 현명한 선택이다. 경험을 쌓아 비즈니스 영어 실력이 향상된 다음에 비즈니스 영어에서 단골로 나오는 단어나 표현 공부를 해도 늦지 않다.

| 제1장 | 비즈니스 영어 말하기 | | 통역사의 말하기 기술 ① |

다운 트랜스레이팅

다운 트랜스레이팅

앞서 단어를 모르면 다른 표현으로 바꾸면 된다고 이야기했다. 요컨대 학교 시험을 보는 것도 아니니 '상대에게 통하면 OK'라는 말이다. 통역사들이 '상대에게 통하면 OK'를 구현할 때 사용하는 말하기 기술이 있다. 바로 **'다운 트랜스레이팅'**이다. **다운 트랜스레이팅이란 머리에 떠오른 한국어 문장을 냅다 영어로 번역하지 않고, 일단 알기 쉬운 한국어로 바꾼 다음에 번역하는 기술**이다. 통역사의 기술이라는 말에 '어려울 것 같아'라고 생각하는 사람도 많겠지만, 익숙해지면 누구나 바로 따라 할 수 있다. 다음 한국어 문장을 보자.

> 그는 **병상에 누워 있다.**

이 한국어 문장을 영어로 직역하려고 하면, '병상'이나 '누워 있다'에서 막힌다. 여기서 다음과 같이 간단한 표현으로 바꾼다.

> 그는 **병상에 누워 있다.**
> 다운 트랜스레이팅
> 그는 **아파서 자고 있다.**

'그는 아파서 자고 있다.' 이런 표현이라면 쉽게 번역할 수 있다.

그는 **병상에 누워 있다.**

 다운 트랜스레이팅

그는 **아파서 자고 있다.**

He is sick in bed.

통역사는 방대한 단어를 외우고 있을 것 같겠지만, 사실은 이러한 기술을 이용해서 다양한 표현에 대응한다.

다운 트랜스레이팅의 예를 조금 더 살펴보자.

'모국어 특유'의 표현을 바꾸려면

한국어로 '밑져야 본전'이라는 표현을 많이 쓰는데, 이와 뜻이 같은 영어 표현은 존재하지 않는다.

여기서 '밑져야 본전'을 다운 트랜스레이팅 한다. **다운 트랜스레이팅은 '초등학생이 이해할 수 있는 말'로 알기 쉽게 풀어 말하는 것이 요령**이다.

밑져야 본전이라고 도전해 봐.

 다운 트랜스레이팅

실패를 두려워하지 말고 도전해 봐.

밑져야 본전이라고 도전해 봐.

 다운 트랜스레이팅

실패를 두려워하지 말고 도전해 봐.

↓

Don't be afraid of a failure and just try.

 '오기 부리지 말고'

'오기 부리지 말고'도 영어로 직역하기 어려운 표현이다. **'오기 부리지 말고'는 '고집부리지 말고'로 바꿀 수 있다.**

오기 부리지 말고 자신의 실패를 인정해.

 다운 트랜스레이팅

고집부리지 말고 자신의 실패를 인정해.

↓

Don't be stubborn and see your failure.

 '늘 신세 지고 있습니다'

일본어에서 자주 나오는 '늘 신세 지고 있습니다'와 같은 뜻을 가진 영어 표현은 없다.

따라서 다운 트랜스레이팅을 해서 **'늘 신세 지고 있습니다'를 '항상 감사하고 있습니다'로 바꾼다.**

늘 신세 지고 있습니다.

 다운 트랜스레이팅

항상 당신에게 감사하고 있습니다.

I am always grateful to you.

 '기세를 돋우기 위해'

자주 사용하는 말은 아니지만, '기세를 돋우기 위해'라는 일본어 표현이 있다. '기세를 돋우기 위해'를 다운 트랜스레이팅 하기란 어려워 보이는데, 어떤 표현으로 바꿀 수 있을까?

　'기세를 돋우기 위해'는 '분위기를 띄우기 위해', '기운을 북돋우기 위해', 이러한 의미를 나타내는 표현이다. 비즈니스에서 분위기를 띄우거나, 기운을 북돋는다는 말은 '일을 잘 진행하기 위해서'라고 할 수 있으므로 **'일의 성공을 위해'라는 표현을 쓸 수 있겠다.**

기세를 돋우기 위해 한잔하러 가자!

 다운 트랜스레이팅

일의 성공을 위해 한잔하러 가자!

Let's go for a drink for the success of our business!

 '웃어넘길 일이 아니야'

'웃어넘길 일이 아니야'라는 표현도 다운 트랜스레이팅 하기 너무 어려울 것처럼 보인다. 나라면 가령 '절대 실패할 수 없다'라는 표현으로 바꾸겠다.

이 프로젝트가 실패한다면 웃어넘길 일이 아니야.

 다운 트랜스레이팅

이 프로젝트는 **결코 실패할 수 없어.**

We can never fail in this project.

'연륜이 쌓이다'

'연륜이 쌓이다'도 한국어 특유의 표현이다. '연륜'은 '현장 경험'이라고도 표현할 수 있으므로 '많은 경험을 쌓다'로 바꿀 수 있다.

연륜을 쌓는 것이 중요해.

 다운 트랜스레이팅

많은 경험을 쌓는 것이 중요해.

It's important for you to have many experiences.

| 제 1 장 | 비즈니스 영어 말하기 | 통역사의 말하기 기술 ②

회화의 다운 트랜스레이팅

 비즈니스 수준으로 다운 트랜스레이팅 하기

이어서 회화에서는 구체적으로 어떻게 다운 트랜스레이팅을 하면 좋을지 알아보자.

 《상황 ①》 첫인사

A: 오늘은 바쁘신 와중에 시간을 내주셔서 대단히 감사합니다.
B: 당치도 않은 말씀입니다. 저야말로 시간을 내주셔서 대단히 감사합니다.

짧은 대화지만 한국어 특유의 표현이 가득하다. 그대로 영어로 직역하지 않고 다음과 같이 다운 트랜스레이팅 한다.

A: 시간을 내주셔서 대단히 감사합니다.
B: 무슨 말씀을요. 저도 대단히 감사합니다.

그러면 간단히 영어로 고칠 수 있다.

A: Thank you very much for taking your time.

B: Never mind. Thank you very much to you too.

한국어는 높임말과 낮춤말 같은 존댓말이 발달한 언어다. 한편, 영어에도 존댓말이 있기는 하지만, 한국어만큼 복잡하지 않다. 따라서 **존댓말을 크게 의식하지 않고 문장을 생각하면 다운 트랜스레이팅을 하기 쉬워진다.**

 《상황 ②》 마무리 인사

A: 아무쪼록 검토 잘 부탁드립니다.

B: 잘 알겠습니다. 긍정적으로 검토하도록 하겠습니다.

한국어에서는 자주 볼 수 있는 대화이지만, 영어로 직역하기에는 상당히 어려운 내용이다. 그래서 다음과 같이 다운 트랜스레이팅 한다.

A: 이 건을 검토해 주시면 감사하겠습니다.

B: 알겠습니다. 여하튼 검토해 보겠습니다.

그러면 이 문장도 다음과 같이 간단하게 영어로 옮길 수 있다.

A: I would be happy if you consider this matter.

B: I understand. Let us consider it, anyway.

《상황 ③》 비즈니스 이야기 중에 나온 한마디

다음으로 비즈니스 이야기 중에 나온 한마디를 다운 트랜스레이팅 해 보자.

> 작금 일진일퇴하는 원 시세의 변동을 감안하면, 현재로서는 저희 회사가 그 프로젝트에 참여해야 할지 말아야 할지 신중해지지 않을 수 없습니다.

비즈니스 회화에서 자주 등장하는 표현이지만, 영어로 고치려면 상당히 성가시다.

먼저 이 문장을 어렵게 만드는 원인은 서술어 부분이다. '감안하면'과 '신중해지지 않을 수 없다' 부분에서 굉장히 어려운 표현을 사용했다.

그래서 이 문장을 다음과 같이 다운 트랜스레이팅 한다.

> 원화 환율이 안정되지 않아서, 지금은 우리가 그 프로젝트에 참여할 수 없습니다.

이제 영어로 고치기가 단숨에 쉬워진다.

> Won exchange rate is not stable now, therefore we cannot join the project now.

어떠한가? 나 역시 통역 현장에서 머릿속으로 순간적으로 다운 트랜스레이팅을 해서 간단한 표현으로 바꾼다.

비즈니스 영어 말하기에서 중요한 것은 외운 단어의 양이 아니다. 물론 어휘력을 늘리려는 노력은 해야 한다. 다만, 단어의 양으로 전부 해결하려는 방법은 비현실적이다.

| 제1장 | 비즈니스 영어 말하기 | 인사법 |

비즈니스 영어 인사말

시간대에 따라 달라지는 인사말

비즈니스 영어에서 인사를 할 때도 기본적으로는 일상 회화와 같은 느낌으로 하면 된다. 사실 **비즈니스 영어 특유의 인사말은 없다.**

아침에 일어나서 정오가 될 때까지는 Good morning., 정오부터 저녁 5시 정도까지, 혹은 해가 질 때까지는 Hello.라고 인사한다. Hello 대신 **Good afternoon.**이라고 해도 괜찮다. Hello.는 어떤 상대, 어떤 상황에서도 사용할 수 있는 만능 표현이다. Hey. What's up?은 친한 친구나 동료에게 하는 표현이므로 비즈니스에서는 사용하지 않는 편이 좋다.

저녁 5시부터 밤사이에는 **Good evening.**이라고 한다. Hello.와 마찬가지로 만능 표현이다. 단, Good night.은 '잘 자'라는 의미이니 혼동하지 않도록 주의하자.

여기서 소개한 시간대는 어디까지나 하나의 기준일 뿐이므로 너무 구애받지 않아도 괜찮다. 자신의 느낌대로 구분해서 사용하면 된다. 상대도 느낌에 따라 표현을 구분해 사용하므로 지나치게 구애받을 필요는 없다.

잘 지내시죠?

원어민은 **How are you?** (잘 지내시죠?)라는 표현을 사용하지 않는다는 소리를 가끔 들지만 그렇지 않다. 비즈니스 영어에서든 일상 회화에서든 원어민도 How are you?를 일반적으로 사용한다. 영화 대사에서도 나온다. 사이좋은 친구나 동료에게는 **How are you doing?**이라고 표현하기도 한다. 오랜만에 만난 사람에게 '잘 지냈어요?'라고 말하고 싶을 때는 **How have you been?**이라고 표현한다.

안녕히 가세요 / 계세요

'안녕히 가세요 / 계세요'는 **See you.**라고 하는 것이 일반적이다. Bye.라는 표현도 있지만, 비즈니스 자리에서는 See you.가 더 무난하다.

덧붙여 Good-bye.는 '한동안 보지 않겠다'는 뉘앙스가 있는 표현이므로 주의해서 사용하도록 하자.

처음 뵙겠습니다

'처음 뵙겠습니다'는 사실 주의해야 할 표현이다. 격식을 차리는 자리에서는 How do you do?를 사용한다. **How do you do?**는 거의 사용하지 않는 표현이라고 하는 사람도 있지만, 나는 실제로 몇 번이나 들은 적이 있는 데다 영화에서도 나온다.

당연히 Nice to meet you.도 사용할 수 있지만, 정확하게는 '당신을 만나게 되어 영광입니다'라는 뉘앙스가 포함된 표현이다.

처음 만나는 사람과 헤어질 때 하는 인사는 **Nice meeting you.** (만나 뵙게 되어 영광이었습니다.)다. 실수로 Nice to meet you.라고 말하지 않도록 주의하자.

| 제 1 장 | 비즈니스 영어 말하기 | | 맞장구치기 |

비즈니스 영어에서 대답하는 법

Yes는 주의해서 사용해야 한다!

Yes를 사용할 때는 특히 주의해야 한다. **Yes를 절대로 '맞장구'로 사용해서는 안 된다.**

한국인들은 상대가 이야기할 때 "네." 하고 맞장구치는 관습이 있다. 하지만 비즈니스 자리에서 같은 식으로 "Yes." 하고 맞장구를 쳐 버리면 큰 문제로 발전할 가능성이 있다. **"Yes, yes."하고 맞장구를 치면 상대는 '네, 당신의 의견에 찬성합니다'라고 표명한 것으로 받아들이기** 때문이다.

그럼, **영어로는 어떻게 '맞장구' 치면 좋을까? 가장 간단하고 실수할 일 없는 방법이 있다. 바로 한국어로 "응."이라고 말하는 방법**이다. "응, 응."이라고 말하면 적어도 오해가 생길 일은 없으므로 가장 권하고 싶은 방법이다. "응."이 어색하다면 "네."라고 말해도 괜찮다. 여하튼 Yes로 맞장구를 쳐서는 안 된다는 것을 기억해 두자.

"Yeah"는 금지어

영어에 맞장구치는 표현으로 Yeah가 있다. Yeah는 친한 친구나 동료에게 사용하는 '반말' 같은 느낌이 나는 표현이다. 이 말은 격식을 차리는 자리에 적합하지 않다. 하지만 Yeah는 일상 회화나 영화 속에서 자주 쓰이는 표현이기도 하다 보니, 영어에 자신 있는 사람일수록 비즈니스 자리에서 내뱉기 쉬우니 주의하자.

No는 연속해서 말하지 않는다

Yes와 의미가 반대인 표현으로 No가 있다. No를 사용할 때 한 가지 주의해야 할 점이 있다. 바로 **"No, No, No, No." 하고 연속해서 말하면 안 된다**는 점이다. 이것은 **"안 돼! 안 돼! 안 돼!" 하고 상대방을 제지할 때 사용하는 강한 표현**이다. 싸움을 중재한다든지 하는 어지간한 일이 아닌 한 사용하지 않는 표현이다. 비즈니스 자리에서 이 표현을 사용하면 큰 문제가 될 수 있으니 주의하자.

 ## "Of course."보다 "Sure."를 사용한다

Of course.는 한국어의 '물론이다'에 해당하는 표현이다. **비즈니스에서는 Of course. 대신 Sure.를 사용하는 편이 무난하다.** Of course.에는 '당연한 일이다'라는 뉘앙스가 담겨 있어 비즈니스 자리에서 사용하면 '거만한 태도'를 보이는 고압적인 인상을 주게 되면서 상대방의 기분을 상하게 할 수도 있기 때문이다.

예를 들면, "계획은 순조롭게 진행되고 있나요?" 이와 같은 질문을 받았을 때 "Of course." 라고 대답하면 상대는 '당연하죠. 제 생각이 맞았고, 순조롭게 진행되고 있어요'라는 뉘앙스로 받아들이게 된다.

그러므로 **대답할 때는 Sure.나 No problem.을 사용하도록 하자.**

 ## 찬반은 "분명하게" 말한다

상대방이 무언가에 대해 동의를 구하고 이에 찬성할 때는 **I agree with you.** (당신에게 찬성합니다.)라는 표현을 사용한다.

찬성할 수 없을 때는 I don't agree with you. (당신에게 찬성할 수 없습니다.)라고 분명하게 말해야 한다. **영어에서는 분명하게 표현하는 것을 중요하게 여기므로, "저희 회사로서는 찬성할 수 없습니다." 같은 식으로 빙 돌려서 말하는 표현을 선호하지 않는다.** 찬성할 수 없을 때는 don't를 사용해서 자신의 의사를 상대방에게 확실히 전달하자.

"어쩔 수 없군요."는 영어로도 표현할 수 있다

"어쩔 수 없군요."를 한국 특유의 표현이라고 생각하기 쉽지만, 실은 영어에도 **Can't be helped**.라는 표현이 있다. 상대가 실수하거나 했을 때 사용한다.

It can't be helped.가 정확한 표현이지만 **비즈니스 자리에서도 일상 회화에서도 일반적으로 It을 생략하고 Can't be helped.라고 표현**한다. 자주 쓰이는 표현이니 잘 기억해 두자.

"정말요?"는 "Really?"를 사용하지 않는다

"정말요?" 하고 되묻는 표현으로 Really?를 떠올리는 사람이 많겠지만, 비즈니스에서는 **Is that true?**라고 표현하는 편이 무난하다. Really?는 일상 회화에 적합한 표현이라고 할 수 있겠다.

신경 쓰지 않아도 돼요

Never mind. (신경 쓰지 않아도 돼요.)는 사소한 실수를 한 사람에게 사용하는 표현이다. Don't worry.나 No problem.도 의미가 같지만, 비즈니스에서는 잘 사용하지 않는다.

일본어에 Don't mind.를 줄인 "돈마이!"라는 말이 있다 보니 일본인 중에 Don't mind.라고 말하는 사람도 있지만, 영어에서는 틀린 표현이다.

그림 1-3 대답하는 법 정리

1. '맞장구' 치는 법

○ (한국어로) 응 ✕ Yes

2. '물론이다' 표현법

○ Sure / No problem ✕ Of course

3. '찬성한다'는 표현법

I agree with you.

4. '어쩔 수 없군요' 표현법

(It) can't be helped.

5. '정말요?' 표현법

○ Is that true? ✕ Really?

'신경 쓰지 않아도 돼요' 표현법

○ Never mind. ✕ Don't worry. / No problem.

7. '잘 부탁드립니다' 표현법

○ Thank you for everything.

영어에 우리말의 '잘 부탁드립니다'와 뉘앙스가 같은 표현은 없으므로 어디까지나 대신해 쓸 표현일 뿐이다.

"잘 부탁드립니다."는 영어에 존재하지 않는다

우리는 "잘 부탁드립니다."라는 말을 많이 사용하지만, 영어에 뉘앙스가 같은 표현은 없다. '잘 부탁드립니다.'는 사실 한국과 일본 특유의 문화에 뿌리를 둔 표현이다. 굳이 영어로 바꾸어 말하자면, **Thank you for everything**. (여러모로 감사합니다.)이라고 할 수 있겠다.

| 제1장 | 비즈니스 영어 말하기 | 대화의 흐름 |

처음 만난 사람과 나누는 대화의 흐름

 기본적인 흐름

비즈니스 자리에서 초면인 사람에게는 자기소개를 포함한 인사를 한다. 여기서는 인사부터 비즈니스 이야기의 본론으로 들어가기까지, 기본적인 흐름을 살펴보겠다.

오른쪽 그림에서 정리한 흐름은 규칙이라고까지 할 수는 없지만, 내 경험에 따른 전형적인 패턴이다. 이 순서대로 이야기를 진행하면 크게 문제될 것은 없다.

처음 만나는 사람과의 대화는 인사로 시작해서 조금씩 자리의 분위기를 편하게 만드는 것이 일반적이다. 개중에는 방에 들어가자마자 일 이야기를 꺼내는 사람도 있다. 마이크로소프트의 창업자 빌 게이츠 씨가 그렇기로 유명하다. 그런데 아무리 그래도 너무 극단적이지 않은가 싶다.

반대로 잡담을 길게 하는 사람도 있다.

그럴 때도 "자, 이제 비즈니스 이야기를 합시다!" 하고 이야기를 끊지 않고 상대의 이야기를 끝까지 들어 주며 예의를 지키는 것도 중요하다.

 나라에 따라 제각각인 흐름

처음 만나는 사람과 나누는 대화의 흐름은 그 나라의 문화에 따라 다르다. 때에 따라서는 간단히 인사를 나눈 후 OK, let's talk about this project. (알겠습니다, 그러면 이 프로젝트에 대해

> **그림 1-4** 비즈니스 자리에서 처음 만난 사람과 나누는 대화의 흐름
>
> ### 1. 인사
> "처음 뵙겠습니다."라고 인사할 때 격식을 차리는 자리에서는 How do you do?, 일상 회화나 격식을 차리지 않아도 되는 자리에서는 Nice to meet you.라고 한다.
>
> ### 2. 자기소개
> 해외에서 자기소개할 때는 일반적으로 '이름 ➡ 직급 ➡ 한마디 ➡ 상대가 한 질문에 대한 대답'의 흐름을 따른다.
>
> ### 3. 잡담
> 잡담은 '상대가 자신을 조금이라도 더 알아주도록 이야기하며, 분위기를 편안하게 만드는' 것이 목적이다. 그러므로 I am ~.이나 I have ~.와 같이 I를 주어로 삼아 말해야 한다. 자신에 관해 이야기한 다음에는 공통 화제를 찾는다.
>
> ### 4. 비즈니스 이야기의 본론
> 잡담으로 분위기가 띄워지면 Let's get this meeting started. (그러면 미팅을 시작합시다.)라고 말하며 본론으로 들어간다.

이야기합시다.)라고 하며 바로 비즈니스 이야기로 들어가기도 한다.

혹은 비즈니스 이야기가 끝나자마자 Is this first time to come to this city?(이 도시에는 처음 오셨나요?)와 같이 말하며 잡담에서 접대로 넘어가는 흐름이 이어지기도 한다. 통역사로서 나도 여러 나라 사람들과 비즈니스 이야기를 하는데, 특히 동남아시아에서 이러한 패턴을 보이는 경우가 많다는 인상을 받았다. 이는 상대 나라 방식대로 대접하려는 마음에서다. 비즈니스 이야기를 마친 후에 나누는 잡담이나 접대를 소중히 여겨서 그러는 것이므로, 너무 자신의 속도대로만 진행하려 들지 말고 상대에게 맞추는 것이 좋다.

일본인도 상대를 대접하려는 관습이 있는데, 굳이 따지자면 잡담을 계속 이어가려는 경향이 있다.

처음 만나는 사람이 자신에 대해 더 알아주었으면 하는 마음은 이해하지만, 길어도 5분 정도로 끝내고 비즈니스 이야기에 들어가는 것이 바람직하다. 상대도 계속 잡담을 하고 싶어 한다면 괜찮지만, 이쪽에서 말을 꺼낼 때는 너무 오래 이야기하지 않도록 주의하자.

| 제1장 | 비즈니스 영어 말하기 | 자기소개하기 |

비즈니스에서 자기소개하기

 기본적인 흐름

여기서는 자기소개에 초점을 맞추어 이야기하겠다. 자기소개는 다음과 같은 흐름을 따르는 것이 일반적이다.

① 이름 ➡ ② 직급 ➡ ③ 한마디 ➡ ④ 상대가 한 질문에 답하기

이 흐름에 따른 형태의 예문을 살펴보자.

일반적인 자기소개 예시

Hi, I'm Kim, a chief of this project of ABC Corporation.

It's very nice to meet you.

I've been looking forward to seeing you.

I will do my best for this project.

(안녕하세요. 저는 김이라고 합니다. ABC사에서 이 프로젝트의 주임을 맡고 있습니다.

만나 뵙게 되어 매우 기쁩니다.

당신과 만나 뵙게 되기를 고대하고 있었습니다.

이 프로젝트에 최선을 다하겠습니다.)

자기소개는 이 정도면 충분하다. 이어서 상대방이 Kim is your first name or family name? ('김'은 이름인가요? 성인가요?) 등 간단히 질문하는 경우가 대부분이다. 이때는 Family name. (성입니다.)이라고 대답하면 된다. 물론 질문하지 않는다면 다음 잡담으로 넘어간다.

이름을 말할 때 한 가지 요령이 있다. 바로 **My name is ~.가 아니라 I'm ~.이라고 말하는 것이다.** My name is ~.는 상대방에게 소극적이라는 인상을 주게 된다. I'm ~.이 더 당당한 인상을 준다. 그러니 비즈니스 자리에서는 I'm ~.을 사용하는 것이 좋겠다. 혹은 I'm Kim Minjun. Please call me Jun. (저는 김민준이라고 합니다. 준이라고 불러 주세요.) 이처럼 표현하는 것도 방법이다.

이름을 말할 때 예전에는 '이름 ➡ 성' 순서(예문의 경우 Minjun Kim)로 말했지만, 최근에는 한국어와 똑같이 '성 ➡ 이름' 순서로 말하는 일이 늘었다. 이는 각 문화를 존중하려는 흐름 속에서 자기 나라에서 말하는 방식대로 표현하는 것이 세계 표준이 되었기 때문이다. 그래서 이제는 예전처럼 어느 쪽이 성이고, 어느 쪽이 이름인지 쉽게 알 수 없다. 그러므로 친절하게 Please call me ~.라고 말하면 좋다.

다음으로 직급을 살펴보자. 한국어로 말하면 대리, 과장, 부장 등 일목요연하지만, 영어에는 규칙성이 없어 회사에 따라 표현이 제각각이다. 그래서 말만 들어서는 상대방의 지위를 추측할 수 없다. 따라서 a chief of this project of ABC Corporation. 하고 분명하게 '이 프로젝트의 주임입니다' 하고 알려야 한다.

한마디는 It's very nice to meet you. I've been looking forward to seeing you. I will do my best for this project. 이러한 말들에 해당한다. 한국인 중에 Nice to meet you.라고 말한 후에 미소 지은 채 잠자코 있는 사람이 많은데, 영어 관습에 따를 때는 자기소개 마지막에 한마디를 덧붙이는 것이 일반적이다.

대부분이 익숙하지 않은 방식일 테니 미리 한마디를 포함한 자기소개 연습을 해 두면 도움이 된다.

| 제 1 장 | 비즈니스 영어 말하기 | 잡담 |

잡담의 중요성

잡담의 목적

사실은 한국뿐만 아니라 해외 비즈니스 자리에서도 잡담은 중요하다. 잡담은 '아이스 브레이크(어색함 깨기)' 역할을 한다. 잡담을 나눔으로써 자리의 분위기를 편안하게 만들거나 공통 화제를 찾을 수도 있다.

잡담할 때의 요령은 1인칭을 사용하는 것이다. **잡담의 목적은 '상대에게 조금이라도 자신에 대해 알리고, 자리의 분위기를 편안하게 만드는' 것이므로, I am ~.이나 I have ~.와 같이 I를 주어로 삼아 이야기해야 한다.**

공통 화제를 찾는다

상대에게 자신에 관한 이야기를 한 다음에는 공통 화제를 찾는다. 한국인끼리도 취미나 좋아하는 가수가 같다는 사실을 알게 되면 서로의 거리가 확 좁혀지며 편하게 이야기하게 된다. 상대가 외국인일 때도 마찬가지다.

상대방과 공통 화제를 찾을 때 두 가지 포인트가 있다. 첫 번째는 **상대방이 답하기 쉬운 질문(열린 질문)을 하는 것**이다. 예를 들어, 다음과 같은 질문이 효과적이다.

> What kind of food is famous in this city?
>
> (이 도시에서 유명한 음식은 무엇입니까?)

전 세계 어디서나 음식 이야기로 분위기가 고조되기는 마찬가지다. 대답하기도 쉽고, 대화도 쉽게 이어지는 것이 큰 특징이다.

음식 외에도 다음 예문과 같이 '취미나 흥미가 있는 것', '상대방의 나라에 관한 것', '날씨' 같은 화제가 비교적 대답하기 쉽다. 온라인으로 미팅할 때는 날씨 화제를 꺼내면 좋다.

> I love traveling and exploring new places. How about you?
>
> (저는 여행이나 새로운 곳에 가는 것을 좋아합니다. 당신은 어떻습니까?)
>
> How are you finding the weather there?
>
> (그쪽 날씨는 어떻습니까?)

미리 이러한 질문을 몇 가지 생각해 두면 안심된다.

더불어 창문을 통해 보이는 경치를 감상하며 "Nice view!" (경치가 좋네요!) 하고 칭찬하는 방법도 의외로 대화가 쉽게 이어지므로 추천한다.

두 번째 포인트는 **Yes 또는 No로 대답하게 되는 질문(닫힌 질문)을 하지 않는 것**이다. 예를 들어, Do you like music?(음악을 좋아하시나요?)라는 질문은 상대가 Yes나 No로 대답할 수 있으므로 바람직하지 않다. What으로 시작하는 의문문 형태로 질문(열린 질문)하면, Yes나 No로는 대답할 수 없어 상대방이 구체적인 내용을 답하기 쉬워진다.

| 제 1 장 | 비즈니스 영어 말하기 | 미팅 ① |

비즈니스 미팅을 구성하는 방법

 ## 비즈니스 미팅은 어렵다

여기서부터는 비즈니스 미팅에 관해 이야기하고자 한다.

먼저 비즈니스 미팅을 구성하는 방법과 진행 방법부터 살펴보자. 한국인끼리 미팅할 때도 구성이나 진행 방식에 관한 준비가 부족하면 망하기 쉽다. 한국인끼리 하기도 어려운 비즈니스 미팅이니, 상대가 외국인이라면 더더욱 그렇다.

그러면 미팅을 준비하며 챙겨야 할 다섯 가지를 알아보자.

비즈니스 미팅에서 챙겨야 할 다섯 가지

《준비 사항 ①》 반드시 사회자를 둔다
《준비 사항 ②》 반드시 미팅 종료 시간을 정해 둔다
《준비 사항 ③》 반드시 지명할 순서를 정해 둔다
《준비 사항 ④》 반드시 음성 또는 동영상으로 기록해 둔다
《준비 사항 ⑤》 시간이 긴 경우에는 휴식 시간을 넣는다

 ## 《준비 사항 ①》 반드시 사회자를 둔다

첫째로, 반드시 사회자를 둔다. 비즈니스 미팅에서 실패하는 원인은 '비즈니스 미팅 자리를

이끄는 사람이 없기' 때문이다. 그래서 사회자가 필요하다.

  사회자가 있으면 "당신은 어떻게 생각하십니까?", "그러면 다음 사항으로 넘어가도록 하겠습니다.", "슬슬 결론을 내도록 합시다." 등 미팅의 흐름을 만들 수 있다. 사회자가 없으면, 누군가가 말을 꺼낼 때까지 괜한 시간과 침묵이 흐르게 된다. 사회자는 비즈니스 미팅을 깔끔하게 진행하는 데 없어서는 안 될 존재다.

《준비 사항 ②》 반드시 미팅 종료 시간을 정해 둔다

미팅 종료 시간은 반드시 미리 정해 두자. 미팅 종료 시간이 정해져 있지 않으면, 미팅이 실패할 확률이 높다.

  외국인과의 비즈니스 미팅은 이쪽에서 해외로 나가기도 하고, 상대가 해외에서 한국으로 일부러 오기도 한다. 어느 쪽이 되었든 먼 길을 이동하므로 돈도 시간도 든다. 그랬는데 미팅이 결론도 나지 않은 채 끝나면 최악이다.

  특히 상대가 해외에서 온 경우에는 분위기와 인상이 상당히 나빠진다. 그렇게 되지 않기 위해서라도 미팅 종료 시간을 확실히 정해 두어야 한다.

  외국인은 정해진 시간에 딱 끊는 경향이 있어 탄력적으로 미팅을 진행할 수 있다.

《준비 사항 ③》 반드시 지명할 순서를 정해 둔다

비즈니스 미팅 인원이 조금 많아졌다 하면 '나는 이렇게 생각한다' '아니, 그렇지 않다' 등등 여러 사람이 제멋대로 발언하게 되니 이 역시 미팅을 늘어지게 한다. 그렇게 되지 않으려면 "○○ 씨는 어떻게 생각하시나요?" 하고 지명할 사람의 순서를 미리 정해 두어야 한다.

  이때 또 지명할 사람을 아무렇게나 정해서는 안 된다. 이야기한 사항을 가장 잘 아는 사람에게 의견을 구해야 한다.

예를 들어, 전문적인 기술에 관해 이야기를 할 때는 사장에게 질문을 던져도 의미가 없다. 기술 담당자에게 "어떻게 생각하시나요?"라고 묻지 않으면 정확한 의견을 얻을 수 없다. 그런 의미에서도 '이 사항에 대해서는 ○○ 씨에게 질문하겠다'와 같은 준비를 해야 한다.

《준비 사항 ④》 반드시 음성 또는 동영상으로 기록해 둔다

미팅 후에 '그런 말 했다, 안 했다' 문제가 발생하지 않게 하기 위해서라도 반드시 기록으로 남겨 두자.

기본적으로는 음성만으로도 충분하지만, 최근에는 동영상으로 기록하는 일이 늘었다. 특히 미국은 소송 대국이기 때문에 상대편이 기록하는 경향이 있다.

간단한 미팅 정도라면 기록할 필요가 없을지도 모르지만, 나는 문제가 될 일이 없도록 미팅 규모와 관계없이 매번 반드시 음성 녹음기로 기록한다.

《준비 사항 ⑤》 시간이 긴 경우에는 휴식 시간을 넣는다

미팅의 내용도 중요하지만, 휴식도 매우 중요하다. 한 시간에 10분 정도를 기준으로 휴식 시간을 갖는 것이 좋다.

몸과 머리를 재충전한다는 의미에서도 중요하지만, 뒤에서 전략 회의를 하기 위한 시간으로서도 중요한 의미가 있다.

앞으로 어떤 식으로 접근하며 공격할 것인지 정해 두지 않으면, 상대에게 유리한 대로 흘러가 버릴 수 있다. 스포츠 경기에서 하프 타임에 작전 회의를 하는 것과 같은 느낌이다. 제대로 전략을 짜서 좋은 성과를 내도록 하자.

| 제1장 | 비즈니스 영어 말하기 | 미팅 ②

비즈니스 미팅을 진행하는 방법

 비즈니스 미팅은 여덟 가지 순서로 나뉜다

다음은 비즈니스 미팅을 진행하는 방법이다. 먼저 기본적인 비즈니스 미팅의 흐름을 확인해 두자.

비즈니스 미팅을 진행하는 방법

1. 사회자의 인사와 자기소개
2. 이번 의제 제시(복수 제시 가능)
3. 종료 시간 전달
4. 발언자 지명(미리 정해 둔다)
5. 자유 발언
6. 결론 요약
7. 추후 일정과 업무 확인
8. 마무리 인사

 1. 사회자의 인사와 자기소개

먼저 사회자가 인사와 자기소개를 한다. 기본적으로는 미팅 주최 측에서 사회자를 정하므로 한국 측에서 주최하는 경우에는 회사 내부적으로 누가 사회자 역할을 맡을지 정해 두자. 말할 내용은 "오늘 와 주셔서 감사합니다. 저는 ○○사에서 제품개발부 책임자인 ○○입니다." 정도면 충분하다.

2. 이번 의제 제시(복수 제시 가능)

한국에서는 미리 의제를 제시하는 일이 그리 많지 않지만, 해외 관련 비즈니스 미팅에서는 반드시 제시해 두자. 그렇게 하지 않으면 '이 주제에 대해서도 이야기하면 어떨까?', '하는 김에 이 주제도 다루자' 하고 미팅이 늘어지기 쉽다. 고쳐 말하자면, "이것을 제외한 다른 일에 관해서는 말하지 마세요."라고 말해 두어야 한다.

개인적인 느끼기에 외국인은 화제를 추가하고 싶어 하는 경향이 있는 것 같다. 그렇게 되지 않기 위해서라도 처음에 "오늘은 ○○와 △△와 □□에 대해 논의하겠습니다."라고 분명하게 제시해 두어야 한다.

예를 들면, "오늘은 1. 귀사와의 프로젝트 시작 시기에 대해서 2. 프로젝트의 내용에 대해서 3. 프로젝트의 종료 시기에 대해서"와 같이 말하도록 한다.

3. 종료 시간 전달

앞에서도 종료 시간을 정해놓아야 한다고 이야기했다. 종료 시간은 시작할 때 전달해야 한다. 이때 다음과 같이 표현할 수 있다.

> We will close our meeting at 4 p.m.
> (이 회의는 오후 4시에 종료됩니다.)

close 대신 end를 사용해도 된다.

4. 발언자 지명(미리 정해 둔다)

이 역시 앞서 이야기했는데, 누가 어떤 순서로 발언하고, 누구에게 질문할지를 정한 다음에 사회자가 미팅을 진행해야 한다. 이때 사회자의 주된 임무는 발언자를 지명하는 것이다.

5. 자유 발언

대략 발언이 모두 끝나면 "다른 의견이 있는 분 계십니까?" 하고 물어보자. Does anyone have other opinion?이라고 표현하면 된다.

이처럼 자유롭게 발언할 기회를 마련하지 않으면, '나는 발언할 기회가 없었어' 하고 불공평함을 호소하는 사람이 나오게 된다. 그러므로 자유롭게 발언하는 자리는 중요한 역할을 한다.

6. 결론 요약

마지막으로 OK, let's make the decision. (그럼, 결론을 정리합시다.)라고 말하고서 미팅을 요약한다. 이 역시 서로 오해가 없는지 확인한다는 의미에서도 매우 중요하다.

기본적으로는 사회자가 진행하지만 회사 대표가 해도 된다.

7. 추후 일정과 업무 확인

앞서 결론을 요약함과 동시에 추후 일정과 업무를 확인한다.

이때도 일시와 기한은 확실히 명시해 두어야 한다. "설계는 6월 말까지 하겠습니다. 제조는

12월 말까지 부탁드립니다." 이런 식으로 말하면 되겠다.

 8. 마무리 인사

Thank you for coming today. We have a good discussion. (오늘 와 주셔서 감사합니다. 좋은 논의를 할 수 있었습니다.)라고 표현하고 마무리 인사를 한다.

| 제 1 장 | 비즈니스 영어 말하기 | 미팅 ③ |

미팅에서 발언하는 방법

 발언할 때 유의할 다섯 가지

여기서는 비즈니스 미팅에서 발언할 때 유의할 다섯 가지를 설명하겠다.

 《유의 사항 ①》 결론을 먼저 말한다

먼저 첫 번째는 '**결론을 먼저 말하는**' 것이다.

> **First of all**, my opinion is ~, for …….
> (우선, 제 의견은 ~입니다. 그 이유는…….)

First of all 말고 **Firstly**를 사용해도 된다. 다음으로 결론에 대한 이유를 설명한다. 기본적으로 영어는 '결론 ➡ 이유' 순서로 말한다. **결론을 먼저 말하지 않은 채 요령 없이 이유부터 말하면 나쁜 인상을 주게 되므로 주의하자.**

 《유의 사항 ②》 자신이 없을 때는 원고를 보면서 말한다

두 번째로, 발언 내용에 자신이 없을 때는 원고를 보면서 말한다. 원고를 읽으면서 말해도 전혀 문제 될 것 없다.

원고를 읽을 때는 시선이 내려가지 않도록 하면서 또렷한 목소리로 말하도록 한다. 작은 목소리로 말하면 상대방에게 자신감이 없다는 인상을 심어주게 되므로 비즈니스 미팅에서는 금물이다. 원고를 읽더라도 중간중간 상대에게 시선을 주면서 허리를 꼿꼿이 세워 당당한 느낌으로 발언하자.

《유의 사항 ③》 발언은 '천천히, 분명하게'

상대가 비원어민인 경우도 많으므로 '천천히, 분명하게' 말해야 한다. 특히 상대방이 비원어민일 때는 가능한 한 어려운 단어나 문법, 표현을 삼가자.

《유의 사항 ④》 찬성인지 반대인지를 명시한다

다른 사람이 발언한 후에 자신이 발언할 때는 다음과 같이 '다른 사람에게 찬성하는지 반대하는지를 명시하는' 것이 중요하다.

> I agree with you. (당신의 의견에 찬성합니다.)
> I don't agree with you. (당신의 의견에 찬성할 수 없습니다.)

그런 다음에 찬성하는 이유 혹은 반대하는 이유를 말한다. **특히 한국인은 '상대방의 의견에 처음부터 반대한다고 말하는 것은 실례지!'라고들 생각하지만, 해외에서는 지극히 당연한 일이다.** 자신의 의견을 분명하게 말하도록 하자.

《유의 사항 ⑤》 발언 의도를 알 수 없을 때는 반드시 확인한다

상대방의 발언에서 요점을 파악할 수 없을 때는 다음과 같이 "~라는 말씀이신가요?" 하고 확인해야 한다.

> You mean (that) you agree to our proposal?
>
> (저희 회사의 제안에 동의하신다는 말씀인가요?)

아무쪼록 상대방이 발언한 내용을 제대로 이해하지 못한 채 그대로 넘어가는 일이 없도록 하자.

| 제1장 | 비즈니스 영어 말하기 | 온라인 미팅 |

온라인 미팅에서 주의해야 할 다섯 가지

 온라인 미팅 방법

코로나 사태가 벌어진 이후로 단숨에 온라인 미팅이 보급되었다.

여기서는 온라인 미팅에서 주의할 다섯 가지 사항을 설명하겠다.

 《주의 사항 ①》 가능한 한 헤드폰이나 이어폰을 사용한다

첫 번째, 가능한 한 헤드폰이나 이어폰을 사용하도록 주의한다.

모국어가 아닌 언어를 컴퓨터 스피커를 통해 들으면 상상 이상으로 알아듣기 어려워진다. 중요한 내용을 놓치지 않도록 제대로 들을 수 있는 환경을 만들자.

 《주의 사항 ②》 화면 공유 기능과 카메라를 효과적으로 활용한다

온라인 미팅에서는 상대의 얼굴, 혹은 상체밖에 보이지 않으므로, 자료 화면을 공유하거나, 카메라를 통해 제품을 보여 주는 등 방법을 생각해야 한다.

그뿐만 아니라 준비한 자료를 화면으로 공유할 때 마우스 포인터의 색을 바꾸거나, 실시간으로 화면에 손 글씨를 적으면 더 효과적이다. 컴퓨터와 태블릿을 연결해 화면을 공유하면 더 쉽게 손 글씨를 적을 수 있다.

더불어 크거나 무거운 제품은 컴퓨터에 달린 카메라로 비추기 어려우므로, 스마트폰을 이용해 촬영하는 것도 방법이다.

 《주의 사항 ③》 평소보다 강한 '억양'으로 이야기한다

온라인 미팅에서는 아무래도 음성의 고음역과 저음역이 잘려 나간다.

특히, 영어는 한국어에 비해 평탄하게 들리기 쉬우므로, 의식적으로 대면했을 때보다 강한 억양으로 이야기해야 한다.

 《주의 사항 ④》 제스처를 취한다

온라인 미팅은 30여 명에 이르는 많은 인원으로 진행되기도 한다. 그러면 하나의 화면에 전원이 다 나오지 못할 때도 있다.

그런 상황에서 '지금 제가 말하고 있어요!'라고 드러내기 위해서라도 제스처를 적극적으로 취하도록 하자. 한국 문화에서는 제스처를 취하는 일이 적어 처음에는 당혹스러울 수도 있지만, 매우 효과적이다.

화자가 누구인지 알 수 있도록 다른 색으로 표시하는 기능도 있지만, 그래도 사람이 많아지면 알아보기 어렵다. 프로그램의 기능에 의존하지 않고, 화면 너머에서도 누가 이야기하고 있는지 알 수 있도록 방법을 고안해야 한다.

 《주의 사항 ⑤》 녹화 모드를 이용해 녹화해 둔다

온라인 미팅은 반드시 녹화해 두도록 하자. 기록뿐만 아니라 나중에 누가 어떤 발언을 했는지 확인하는 데 중요한 자료가 된다.

또, 비즈니스 미팅을 구성하는 방법을 이야기할 때 나왔던 '그런 말 했다, 안 했다' 문제를 방지하기 위해서도 반드시 온라인 미팅은 녹화하기를 권장한다. 대부분 프로그램에 녹화 모드가 탑재되어 있다.

| 제1장 | 비즈니스 영어 말하기 | 프레젠테이션 ① |

영어 프레젠테이션을 구성하는 방법

 영어 프레젠테이션의 기본 구성

이제 영어 프레젠테이션을 구성하는 방법에 관해 이야기해 보자. **일반적인 프레젠테이션 시간은 40~50분 정도다.** 시간을 이렇게 설정하는 데는 이유가 있다. 이는 인간의 집중력이 50분 정도밖에 유지되지 않기 때문이다. 일반적인 중학교나 고등학교의 수업 시간이 50분인 것도 이치에 맞는 셈이다.

일반적인 영어 프레젠테이션은 다음과 같은 흐름을 따라 진행된다. 항목별로 포인트를 살펴보겠다.

> **영어 프레젠테이션의 흐름**
>
> ① 청중 환영 (Audience Welcome) 《1분》
>
> ② 도입 (Introduction) 《2분》
>
> ③ 오늘의 목적 (Purpose) 《3분》
>
> ④ 현황 보고 (Current Status) 《4분》
>
> ⑤ 차별화 (Differentiation) 《5분》
>
> ⑥ 본편 (Body) 《15분》
>
> ⑦ 시범 설명 (Demonstration) 《5~15분》
>
> ⑧ 재차 어필 (Re-Appeal) 《3분》

⑨ 클로징 (Closing) 《2분》

⑩ 감사 (Gratitude) 《1분》

 ① 청중 환영 (Audience Welcome) 《1분》

우선 다음과 같이 발표 장소에 오신 것에 대한 감사와 존경을 전한다.

Thank you for coming today.
(오늘 자리해 주셔서 감사합니다.)

I'm so happy to welcome understanding people as you.
(여러분과 같이 잘 아시는 분들이 와 주셔서 기쁩니다.)

 ② 도입 (Introduction) 《2분》

도입 부분에서는 '자신이 속한 회사나 단체가 지금까지 쌓아 온 경력이나 공헌도', '이번 새로운 제품, 기획에 이르게 된 경위'를 이야기한다. 간결하게 말하면, 회사와 새로운 상품과 기획을 소개하는 시간이다.

이다음에 얼마나 매끄럽게 본편으로 이어지는 흐름을 만들 수 있는가가 프레젠테이션의 완성도를 크게 좌우한다. 길어지기 쉽지만 간결하게 정리하는 것이 중요하다.

 ③ 오늘의 목적 (Purpose) 《3분》

발표 내용과 함께 '중요 포인트'를 소개한다. 중요 포인트란 '경량화', '강도 향상', '저전력화' 등이다. 프레젠테이션의 '결론 부분'이라고도 할 수 있다. 알기 쉽고 간결하게 전하자.

④ 현황 보고 (Current Status) 《4분》

현황 보고로는 '기존 제품의 문제점'이나 '청중이 공감할 수 있는 문제점' 등을 들 수 있다.
  예를 들어, 다음과 같이 청중을 조금씩 끌어당기는 느낌으로 이야기하자.

> A conventional product is still good, but its battery is too small to use for a long time.
> (기존 제품도 좋은 제품이지만, 배터리 용량이 적어 장시간 사용할 수 없었습니다.)
> You might have been annoyed with the inconvenience.
> (여러분도 사용하고 싶을 때 사용할 수 없어서 짜증이 나셨을 것입니다.)

 ## ⑤ 차별화 (Differentiation) 《5분》

'자사의 제품이나 기획이 어떻게 문제를 해결하는가'나 '자사의 최첨단 기술과 아이디어'를 명확하게 어필한다.
  예를 들면, 다음과 같이 어필할 수 있겠다.

> You still have options for other company's products, but our new product will solve the battery trouble completely!
> (타사 제품도 많지만, 저희 신제품은 모든 배터리 문제를 해결할 것입니다!)

 ## ⑥ 본편 (Body) 《15분》

드디어 본편이 나올 차례다. 주의할 점은 다음과 같은 네 가지다.

> 1. 어필 포인트는 세 가지로 엄선한다
> 2. 이전과의 대비로 좋은 점을 강조한다 (예: "지금까지는 ~이었지만……")
> 3. 부정적인 단어는 절대 사용하지 않는다
> 4. 금액을 안다면 이를 명시한다

어필 포인트가 많더라도 엄선해 세 가지로 요약하자. 이전과의 대비는 차별화에서도 한번 다룬 내용이지만, 다시 한번 이전과 비교해 장점을 강조하면 효과적이다. 여기서 무심코 '부정적인 단어'를 사용하기 쉬우므로, 제삼자에게 원고를 확인받도록 하자. 금액을 안다면 이를 명시한다.

⑦ 시범 설명 (Demonstration) 《5~15분》

상황에 따라 다르겠지만, 가능하면 제품을 사용해 시범을 보이면서 설명하면 효과적이다. 참석자에게 실제로 제품을 만져보게끔 연출하면 더욱 좋다. 자동차 등 시범을 보이기 어려운 경우에는 동영상을 틀어 주는 것도 좋다. 가장 중요한 목적은 참석자에게 제품 이미지를 심는 것이다.

⑧ 재차 어필 (Re-Appeal) 《3분》

재차 어필하는 시간에는 자사 제품이나 기획이 어떻게 '문제를 해결'하는가, 어떻게 '생활이나 일을 풍요롭게' 만드는가, 어떻게 '사회에 공헌'하는가, 이러한 이미지를 청중이 머릿속에서 상상할 수 있도록 해서 '이 제품이나 기획이 필요해!'라고 생각하게 만드는 것이 중요하다.

⑨ 클로징 (Closing) 《2분》

한국어로 클로징이라고 하면, 고객이 '상품을 사겠습니다' 하고 의사를 표명하도록 한다는 의미로 사용되지만, 영어로는 '청중에 대한 존중'을 나타내는 말이다. 처음에 했던 '청중 환영'과 똑같지만, 다시 한번 이 자리를 찾아준 데에 대한 감사의 마음을 전하자.

⑩ 감사 (Gratitude) 《1분》

마지막으로 감사를 전하면서 프레젠테이션을 종료한다.

   이상이 영어 프레젠테이션이 이루어지는 일련의 흐름이다. 충분히 연습해서 청중의 마음을 움직이는 프레젠테이션을 실현하길 바란다.

| 제1장 | 비즈니스 영어 말하기   프레젠테이션 ②

영어 프레젠테이션 화법의 여섯 가지 포인트

 영어 프레젠테이션 화법의 여섯 가지 포인트

이어서 영어 프레젠테이션 화법에 초점을 맞추어 설명하겠다.

  포인트는 여섯 가지다.

 《화법의 포인트 ①》서는 위치

마이크가 놓인 무대에서 전혀 움직이지 않고 한 자세로 이야기하지 않도록 한다. 말하는 사람에게 움직임이 없으면 청중은 싫증이 나 버린다.

  프레젠테이션을 잘하는 사람은 가만히 있지 않고, 여러 사람과 눈을 마주친다. 그런 연출이 프레젠테이션의 품질을 확 끌어올린다.

 《화법의 포인트 ②》목소리 크기

마이크를 사용하면 안심하게 되는지, 속닥거리며 이야기하는 사람이 많다. 앞에서 이야기했듯이 영어를 속닥거리며 이야기하면 알아듣기 어렵다. 마이크가 있더라도 배에 힘을 주고 큰 소리로 또박또박 이야기하도록 하자.

《화법의 포인트 ③》 말하는 속도

말하는 속도도 중요하다.

발표 장소가 넓으면 소리가 울려 퍼진다. 그런 상황에서 빠르게 말하면 목소리와 잔향이 섞여 무슨 소리인지 알아듣기 어려워진다. 더불어 청중 중에 비원어민이 있을 경우를 고려해 의식적으로 평소보다 천천히 말하는 정도가 딱 적당한 속도다.

자신이 프레젠테이션하는 모습을 촬영해 객관적으로 재검토하면, 자신이 생각보다 말하는 속도가 빠르다고 느낄 것이다. 충분히 연습해서 말하는 속도의 감각을 익히도록 하자.

《화법의 포인트 ④》 시선

시선을 원고에 고정한 채로 두지 않는다.

원고를 읽는 것 자체가 나쁜 것은 아니지만, 시선이 계속 아래로 향해 있으면, 청중은 '이 사람이 말하는 상대가 정말 우리일까?'라는 의심을 하게 되고 모처럼 준비한 프레젠테이션을 망치게 된다.

《화법의 포인트 ⑤》 표정

프레젠테이션을 하는 내내 무표정한 얼굴로 있으면, 내용이 아무리 좋아도 청중에게 전혀 와 닿지 않는다.

'표정을 풍부하게!', '함박웃음을 지으면서!' 그렇게까지 말하지는 않겠지만, 적어도 무표정은 하지 않는 것이 좋겠다. 미리 영상을 찍어서 확인하면 도움이 된다. 그리고 청중의 얼굴을 의식적으로 보려고 하면, 저절로 미소가 지어진다.

《화법의 포인트 ⑥》 표시 화면

가끔 띄운 화면과 이야기하는 내용이 다를 때가 있다. 이것은 치명적인 실수다. 화면을 띄워 주는 사람과 잘 맞추어 두어야 한다.

| 제 1 장 | 비즈니스 영어 말하기 　　　　　　　　　　　　　　프레젠테이션 ③

질의응답에 대처하는 방법

 예상되는 질문에는 미리 '답변'을 준비해 둔다

영어 프레젠테이션이 끝나면 질의응답 시간에 들어간다. 여기서는 질의응답의 포인트를 살펴보겠다.

　우선, 예상되는 질문은 미리 답변을 준비해 두어야 한다. 예를 들면 '가격', '발매 시기', '사후 관리' 등은 질의응답의 단골 질문이므로 미리 답변용 원고를 준비해 놓는다. 질의응답에서 허둥대면 모처럼 프레젠테이션이 좋았어도 청중이 불안해지므로 주의해야 한다.

 '조금만 더 천천히 말씀해 주세요'

말을 빨리하는 원어민이 많다 보니 질문을 못 알아들을 때가 있다. 그럴 때는 More slowly, please? (조금 더 천천히 말씀해 주시겠어요?)라고 되물어도 되지만, 다음과 같이 더 정중하게 표현할 수 있다.

> Could you please speak a bit (a little) slower?
> (조금 더 천천히 말씀해 주시겠습니까?)

되물을 때 사용할 수 있는 표현

그 밖에도 되물을 때 사용할 수 있는 표현은 많다. 단, Sorry?나 Excuse me?, Once more, please?는 굳이 따지자면 친구와 이야기할 때처럼 일상 회화에서 사용하는 표현이므로 비즈니스 자리에서는 적합하지 않다.

더불어 **절대 상대에게 What? 하고 되묻지 않도록 하자. 상당히 가벼워 보이는 인상을 주는 표현일뿐더러 고압적인 뉘앙스도 풍긴다.**

비즈니스 자리에서 "다시 한번 부탁드립니다."라고 되물을 때는 다음과 같은 표현이 가장 적절하다.

> I'm sorry. Would you mind repeating yourself?
> (죄송합니다. 다시 한번 부탁드려도 되겠습니까?)

I beg your pardon?이라는 표현도 있지만, 사용할 때는 주의해야 한다. "아이, 벡, 유어, 파든." 하고 뚝뚝 끊듯이 말해 버리면, "너, 다시 한번 말해 봐!" 하고 상대에게 시비조인 인상을 주게 되므로 조심하자.

 ## 질문의 요점을 확인하는 표현

질문의 요점을 알 수 없을 때는 다음과 같이 표현한다.

> You ask if our company starts this project right away?
> (저희 회사가 이 프로젝트를 바로 시작할 것인지를 물어보신 건가요?)

위의 예문처럼 말머리에 의문사를 두지 않고 You ask if ~?라고 표현해도 괜찮다. 이 표현은 활용도가 높으므로 꼭 기억해 두자.

오해를 사지 않기 위해서도 상대방이 하고 싶은 말을 제대로 이해하지 못했을 때는 확실하게 확인해야 한다.

| 제 1 장 | 비즈니스 영어 말하기　　　　　　　　　　　　| 오해받기 쉬운 표현 |

우리가 사용하기 쉬운 '오해받기 쉬운 표현'

 모호한 표현은 문제의 불씨

한국어와 일본어에는 모호한 표현이 많다. 그러나 해외 비즈니스 현장에서는 분명하게 말하지 않으면 상대방이 자신의 편의에 따라 해석해 더 큰 문제로 발전하기도 한다.

여기서 특히 '외국인에게 오해받기 쉬운 표현'을 소개하겠다.

 《오해하기 쉬운 표현 ①》 '~도 나쁘지 않지만요'

우리가 말하는 '~도 나쁘지 않지만요'는 은근히 부정하는 표현이다.

하지만 '~도 나쁘지 않지만요'를 직역해서 영어로 표현하면, 상대에게 동의한다는 뉘앙스로 전해진다. 그러면 상대가 "나쁘지 않다는 것은 찬성하신다는 말씀이군요." 하고 자신의 의견을 밀고 나올 가능성이 커진다.

> ✕　Your suggestion is not so bad······.
> 　　(당신의 의견도 나쁘지 않지만요······.)

그러므로 다음과 같이 당신이 찬성할 수 없을 때는 분명하게 I don't agree with you. 하고 부정하도록 하자.

O   I don't agree with you.

(당신의 의견에는 찬성할 수 없습니다.)

 《오해하기 쉬운 표현 ②》 '바로 검토하겠습니다.'

"바로 검토하겠습니다."는 외국인에게 오해받기 쉬운 표현이다. 상대가 **'바로'를 의미하는 at once나 immediately를 '오늘 중으로'라고 해석하게 된다.**

X   We will discuss it immediately.

(바로 검토하겠습니다.)

그러므로 다음과 같이 'OO까지' 하고 반드시 기한을 말하자.

O   We will answer you **by next Wednesday.**

(다음 수요일까지 결론을 말씀드리겠습니다.)

 《오해되기 쉬운 표현 ③》 '긍정적으로 검토하겠습니다.'

일본어로 "긍정적으로 검토하겠습니다."라고 말하면 '완곡하게 거절한다'는 뉘앙스가 있지만, 외국인에게는 '동의했다'는 말로 들린다.

X   We will consider it positively.

(긍정적으로 검토하겠습니다.)

그러므로 다음과 같이 '가능한가 아닌가'를 '검토하겠다'라고 명확하게 말해야 한다.

○ Let us consider it **if we can or not**.

(**가능할지 어떨지** 검토하겠습니다.)

| 제1장 | 비즈니스 영어 말하기 | 접대 |

접대용 '이야깃거리'를 준비해 둔다

 이야깃거리를 준비해 둔다

한국뿐만 아니라 해외에도 접대는 존재한다.

접대에서는 '이야깃거리를 준비해 두는' 것이 중요하다. 비즈니스 미팅 자리에서 적극적으로 발언하더니 접대 자리가 시작되자마자 갑자기 조용해지는 사람들을 자주 본다. 원인은 성격이나 영어 실력 부족이 아닌 '이야깃거리 부족'이다. 이런 일이 생기지 않도록 미리 다섯 가지 정도 이야깃거리를 준비해 둔다.

자신이 해외에 나간다면, 준비하기도 쉽고 상대도 대답하기 쉬운, 다음과 같은 이야깃거리를 추천한다.

> 1. 현지 주변의 관광지
> 2. 현지 음식
> 3. 현지 주변의 특징이나 분위기 등
> 4. 방문한 나라의 기후
> 5. 그 나라 전체에 관해서

반대로 상대가 한국에 온다면, 다음과 같은 이야깃거리를 준비해 두면 좋다.

1. 그 장소에 관해서
2. 현장 주변 지역의 역사와 한국의 역사
3. 현장 주변의 관광지
4. 한국 특유의 음식 (갈비, 김밥 등)
5. 한국 특유의 문화 (한복이나 씨름 등)
6. 기념품

 말이 안 나올 때는

모처럼 이야깃거리를 준비해도 표현하지 못하면 의미가 없다. 마음대로 표현할 수 없어서 난처할 때는 '의문문 만들기' 기술을 활용한다.

예를 들어, 다음과 같이 질문하면 이야기를 이어가기 쉬워진다.

> **What are you interested in about Korea?**
> (당신은 한국의 어떤 점에 관심이 있으신가요?)

이때 잡담 항목에서 이야기했던 열린 질문 형태로 질문하는 것이 포인트다. 저도 모르게 '내가 말을 걸어야 해' 하고 너무 긴장한 나머지 오히려 할 말이 떠오르지 않아 말문이 막히는 사람도 많지만, 모든 일에 자신이 나서서 이야기해야 할 의무는 없다. 상대에게 질문을 계속 던지면서 대화의 돌파구를 찾는 것도 하나의 중요한 기술이다.

접대는 비즈니스 미팅에 비해 시간이 길어지는 경향이 있다. 비즈니스 이야기를 나누는 자리뿐만 아니라 접대 자리에서도 이야깃거리를 잘 준비해 두어야 한다.

| 제 1 장 | 비즈니스 영어 말하기 | 리셉션·파티 |

리셉션(친목회)·파티에서 말하는 법

 피해야 할 일

해외에서는 **리셉션**이라고 불리는 친목회나 파티에 초대되는 일이 많다. 리셉션에서 문제를 일으키지 않도록 절대 해서는 안 될 두 가지를 소개하겠다.

> 1. 개인적인 일은 묻지 않는다
> 2. 내부 정보 같은 것은 말하지도 묻지도 않는다

우선 첫 번째로, 개인적이거나 사생활에 관한 것을 묻는 것은 금물이다.

"결혼했어?"는 물론이고, "아이는 있어?"라든가 "어디에 살아?" 같은 질문들 모두 개인정보이므로 피해야 한다. 특히 "어디에 살아?"라는 질문은 외국인에게 금기다. 특히 미국에서는 불법 입국한 사람이 많기 때문이다. 불법 입국을 했어도 몇 년 정도 일하면 영주권을 취득할 자격이 생기기도 한다. 그런 상황에서 "어디에 살아?"라는 질문은 조사를 받는 듯이 느껴져서 그 자리의 분위기가 확 나빠진다. 악의 없이 묻기 쉽지만, 외국인에게는 민감한 화제다.

두 번째로, '내부 정보 같은 것'은 말하거나 묻지 말아야 한다. '내부 정보 같은 것'이란 제품이나 상품에 관한 것(특히 제조법이나 소재 등), 회사의 매출 등을 말한다. "요즘 잘 돼?", "뭐, 나름 그럭저럭." 이런 식으로 한국에서 나누던 대화는 해외에서 일절 통용되지 않는다.

자칫하면 '저 녀석은 스파이일지도 모른다' 하고 진심으로 의심받을 수 있으니 충분히 주의하길 바란다. 회사에 관해서 물어도 문제가 되지 않는 것은 홈페이지에 올라와 있는 내용뿐이다. '술김에 그만'이라는 변명은 해외에서 통하지 않는다.

 ## 리셉션과 파티의 목적

애초에 리셉션은 무슨 목적으로 개최될까? 주된 목적은 '서로를 알기 위해서', '더 나은 인간관계를 만들기 위해서'다.

리셉션 자리에서는 먼저 다음과 같은 '무난한 화제'로 들어가 보자.

- 시사적인 화제
- 공통의 지인에 관한 화제
- 서로의 근황
- 다음에 만날 약속

이러한 화제라면, 특별히 문제가 생길 일은 없을 것이다. 한국인이나 일본인은 성실하다 보니 일 이야기를 하고 싶어 하지만, 리셉션에서 갑자기 일 이야기를 꺼내는 것은 금물이다.

'다음에 만날 약속'은 굉장히 중요하다. 세부 일정까지 정할 필요는 없지만, '다음에 만난다'는 말은 그만큼 비즈니스 기회가 늘어난다는 것을 의미한다. 한국인과 일본인들은 겸손한 경우가 많지만, 적극적으로 다음 약속을 잡도록 하자. 약속을 잡을 때는 Why don't we meet next month? (다음 달에 만나지 않겠습니까?)와 같이 표현하면 된다.

Column

간단한 선물을 들고 가야 할까?

 '간단한 선물'은 건네는 편이 좋다

통역 일을 하면서 '선물 준비'에 대해 종종 질문을 받는다.

결론부터 먼저 말하자면, 개인적으로 간단한 선물은 있는 편이 좋다고 생각한다. '해외에는 선물을 챙겨 가는 문화가 없어서 필요 없다'라는 의견도 있지만, 간단한 선물은 우리가 상대를 대접하려는 마음을 구현하는 관습이라고 생각한다. 실제로 외국인에게 선물을 건네면 기뻐한다.

그렇다면 외국인에게는 어떤 선물을 주는 것이 좋을까?

상대가 한국이나 일본에 오는 경우와 자신이 해외에 가는 경우별로 각각 추천하는 선물을 소개하겠다.

 상대가 한국이나 일본에 올 때 건네주기 좋은 선물

우선 한국이나 일본에 온 외국인에게 선물을 건넬 때 '부피가 큰 것'은 피하도록 하자. 가져가기가 힘들다. 마찬가지로 '깨지기 쉬운 것'도 피하자.

일본에서 선물을 고른다면 개인적으로 부채를 추천하고 싶다. '일본', '후지산', '필승' 등 한자가 쓰인 부채를 특히 좋아한다. 그 밖에 일본의 풍경이 그려진 볼펜도 반가워한다. 시내 문구점에서는 보기 드물지만, 공항 기념품 가게에서 살 수 있다. 일본의 풍경 중에서도 후지산이나 벚꽃 등이 인기다.

그리고 선물을 공항까지 배웅하면서 건네는 사람이 많은데, 그때는 선물하기 좋은 타이밍이 아니다. 상대방은 이미 짐을 꾸려 여행 가방을 닫은 후이기 때문이다. 선물은 반드시 '귀국 전날까지' 주도록 한다.

 해외에 나갈 때 준비하기 좋은 선물

다음은 자신이 해외에 나가는 경우다.

과자나 쿠키는 이동 중에 깨질 가능성이 크므로 피하는 편이 좋다.

이때도 역시 한자가 적힌 물건을 반긴다. 미니어처 병풍이나 무명 수건, 머리띠 같은 것을 좋아한다. 수건은 일본 고유의 질감과 촉감을 느낄 수 있고, 머리띠에 한자로 '근성' 같은 말이 적혀 있으면 일본 느낌이 난다(당연히 중국인에게는 한자가 들어간 선물을 건네도 기뻐하지 않을 테니 주의하자).

의외로 붓펜이 호평받는다. 붓펜의 독특한 필기감과 글씨체에서 동양 느낌이 물씬 난다고 하면서 기뻐하는 경우가 많다.

가끔 제조업자가 자사 제품을 선물로 건네기도 하는데, 영업으로 받아들여질 가능성이 있으므로 주의하자.

선물 가격은 신경 쓸 필요 없다. 아주 저렴한 생활용품점에서 산 부채나 붓펜으로 충분하다. 중요한 것은 '가격보다 마음'이다.

제 2 장

비즈니스 영어 듣기

| 제 2 장 | 비즈니스 영어 듣기　　　　　　　　　　　　| 듣기에서 중요한 것 |

비즈니스 영어 듣기는 절대 '완벽'을 추구해서는 안 된다

 비즈니스 영어 듣기란

이번 장에서는 비즈니스 영어 듣기에 관해 설명하겠다.

내가 대학교나 영어 학원에서 가르치는 학생들과 이야기를 나누다 보면, 학교 시험이나 입시에서 받았던 듣기에 대한 인상을 여전히 떨치지 못하는 사람이 많은 것 같다. **분명히 말하지만, 학창 시절의 듣기와 비즈니스 영어에서 요구되는 듣기는 전혀 다르다.**

비즈니스 영어에서 듣기는 '시험용 듣기'를 하지 않는 것이 포인트다. 시험용 듣기란 '한 문장씩 따라가면서 한 단어도 놓치지 않을 생각으로 듣는' 것이다.

왜 많은 사람이 이런 식으로 듣기를 할까? 그것은 학창 시절에 일부러 어려운 표현을 사용하거나, 알아들을 수 없는 속도로 대화하거나, 착각하기 쉬운 말로 대화하는 듣기 시험을 쳤기 때문이다.

그러나 실제 대화에서 그런 상황에 마주할 일은 거의 없다.

비즈니스 영어 듣기에서 문장 하나하나를 완벽하게 알아들으려고 하면, 대화를 따라갈 수 없게 되고 오히려 실패하기 쉬워진다. 비즈니스 영어 듣기에서는 "대충" 듣는 것이 중요하다.

 '대충 무슨 소리인지는 알겠지만……'이면 된다

사실 **비즈니스 영어 듣기는 '대충 무슨 소리인지는 알겠다' 수준이면 충분하다.** 이는 한국어에서도 마찬가지다. 평소 한국어로 대화할 때를 떠올려 보면 이해할 수 있을 것이다.

예를 들면, 친구가 "오늘은 일이 빨리 끝났으니까 한잔하러 가자! 장소는 강남 어때? 시간은 6시 괜찮아?"라고 물었다고 하자. "지금 친구가 한 말을 토씨 하나 틀리지 않고 그대로 따라 해 주세요."라고 한다면 전부 기억해 낼 수 있을까. 설령 기억한다고 해도 기껏해야 '한잔하러 간다', '강남', '6시' 정도일 것이다. 하지만 이 정도만 들어도 의사소통하는 데는 전혀 지장이 없다.

마찬가지로 비즈니스 영어 듣기에서도 '대략적인 내용만 알아들으면 된다'는 가벼운 마음으로 상대와 마주하는 것이 중요하다.

'세세한 정보'보다 '중요한 정보'를 의식한다

비즈니스 영어 듣기에서는 '발언한 내용 전부를 알아듣는' 것보다 '중요한 내용을 알아듣는' 데 주력하는 것이 중요하다.

물론 다 알아들어서 나쁠 것은 없지만, 부사나 부사절, 전치사구 같은 것보다 '중요한 정보만 잘 알아들으면 된다' 하는 마음으로 긴장을 풀고 듣는 것이 더 중요하다.

| 제 2 장 | 비즈니스 영어 듣기 | | 통역사의 듣기 기술 ① |

통역사가 사용하는 '중요한 정보'만 듣는 기술

'듣지 않는 듣기'란

'듣지 않는 듣기'란 '중요한 단어나 표현에만 주의해 듣는 법'을 말한다. 앞에서 이야기했듯이 우리는 학교에서 공부하던 듣기 방식에 영향을 받아 '영어를 지나치게 듣는' 경향이 있다.

'중요한 단어나 표현에만 주의한다'는 것은 반대로 말하면 '중요하지 않은 부분은 흘려듣는다'는 말이다. 사실 나와 같은 통역사도 상대방의 발언을 전부 들으려고 하지는 않는다. 중요한 부분만 골라서 메모한다.

그럼 '중요한 부분'이란 무엇일까? 바로 다음과 같은 다섯 가지다.

- 주어
- 동사
- 목적어
- 의문사
- 명사(시간, 장소와 같은 정보)

먼저 주어와 동사는 잘 들어야 한다. 동사를 못 알아들으면 이야기하는 내용을 이해할 수 없게 되기 때문이다. 주어가 3인칭일 경우에는 잘 들어야 하지만, I나 You일 때는 상황을 보면 알 수 있어서 크게 신경 쓰지 않아도 된다.

세 번째, 목적어도 중요하기는 하지만, 동사에 따라서다. 동사에 따라서 신경 쓸 필요가 없을 때도 있다.

네 번째는 의문사다. 이른바 5W1H라고 불리는 의문사는 잘 들어야 한다. '언제', '어디서', '누가', '어떻게'와 같은 정보를 파악해야 하기 때문이다.

다섯 번째, 명사는 다 알아들을 필요는 없지만 '시간'과 '장소' 같은 정보는 주의해서 듣도록 하자.

중요한 것만 듣는 듣기에 익숙해지면, 특별히 의식하지 않고서도 머릿속에서 자연스럽게 필요한 내용만 고를 수 있게 된다.

예문을 통한 실전 연습!

예문을 통해 중요한 부분만 듣는 연습을 해 보자.

다음은 나의 저서 『엄청난 영어 음독』(국내 미발간)에서 발췌한 예문이다. 중요한 부분은 다른 색깔로 표시했으니 그 부분에 주목하면서 읽어보도록 하자.

> A: **Where** shall we **take pictures**?
>
> B: **How** about in **front** of that **fountain**?
>
> A: Yes, and maybe we can take **some more pictures** on the **grass**?
>
> B: **Take beautiful** pictures!
>
> A: Sure, come on, let's **take** a picture. Say, Cheese!
>
> B: **How** did you **get** it?
>
> A: I **got** a **great** picture of it.
>
> B: Thank you.

번역

A: 어디서 사진을 찍을까?

B: 저 분수 앞은 어때?

A: 그래, 그리고 잔디 위에서도 찍을까?

B: 예쁘게 찍어 줘!

A: 당연하지, 그럼 찍을게, 자, 치즈!

B: 어떤 느낌으로 나왔어?

A: 완전 예쁘게 나왔어!

B: 고마워!

중요한 부분만 골라내 보겠다.

A: 어디서 사진 찍지?

B: 분수 앞 어때?

A: 잔디에서도 찍자.

B: 예쁘게 찍어.

A: 찍는다.

B: 어떻게 나왔어?

A: 완전 예쁘게.

이처럼 중요한 부분만 골라내도 의미가 제대로 통하고, 내용도 제대로 파악할 수 있음을 알 수 있다. 비즈니스 영어 듣기는 이 정도면 충분하다.

이 듣기 방법은 문장이 길어질수록 위력을 발휘한다. 특히 프레젠테이션과 같이 이야기가 길 때는 이 기술은 더 중요한 역할을 한다.

다음은 프랜시스 호지슨 버넷의 『소공녀』라는 소설에 나오는 한 구절이다. '듣지 않는 듣기' 연습은 먼저 읽기를 한 다음에 듣기 연습을 하는 것이 포인트다. 다음 문장에서 어디가 중요한 부분인지를 의식하면서 읽어보도록 하자.

> Once on a dark winter's day, when the yellow fog hung so thick and heavy in the streets of London that the lamps were lighted and the shop windows blazed with gas as they do at night, an odd-looking little girl sat in a cab with her father and was driven rather slowly through the big thoroughfares.

이 영어 문장에서 중요한 부분을 빨간색 글씨로 표시해 보겠다.

> Once on a **dark winter's day**, when the **yellow fog hung** so **thick** and **heavy in the streets** of London that the **lamps** were **lighted** and the **shop windows blazed** with **gas** as they do at night, an odd-looking **little girl sat** in a cab **with** her **father** and **was driven** rather slowly through the big **thoroughfares**.

'겨울의 어두운 날', '노란 안개가 무겁고 두껍다', '길에', '가로등이 켜져 있었다', '가게 창문이 빛나고 있다', '가스등 불빛', '소녀가 앉아 있었다', '아버지와', '데려갔다', '큰길을'. 이것만으로도 대략적인 내용을 파악할 수 있다.

> **번역**
>
> 어느 겨울의 어두운 날, 런던 거리에 노란 안개가 아주 짙고 무겁게 드리워져 가로등이 밝혀지고, 가게의 창문은 밤이 된 것처럼 가스등으로 빛나는 가운데, 이상하게 생긴 어린 소녀가 아버지와 함께 마차에 앉아 큰길을 천천히 이동하고 있었다.

제 2 장 | 비즈니스 영어 듣기 | 통역사의 듣기 기술 ②

'동사'에 주목하자!

 '듣지 않는 듣기'를 하는 데는 우선 '동사'

앞서 중요한 단어나 표현에만 주목해야 한다고 이야기했다.

그중에서도 제일 중요한 것은 '동사'다. 결국 동사를 모르면 아무리 다른 부분을 모두 알아들었어도 문장 전체의 내용을 해석하기 어려워진다.

다음 문장을 한번 보자.

> I ☐☐ with her yesterday.

I와 with her yesterday.를 알아들었다고 해도 중요한 동사를 못 들으면, 그녀와 쇼핑하러 갔는지, 아니면 동물원에 갔는지 전혀 알 수 없다. 그만큼 동사는 문장에서 중요한 존재다.

다음 문장도 보자.

> I went to the movie ☐☐.

반대로 주어와 동사를 알아들으면, '나는 영화를 보러 갔다'라고 해석되므로, 문장 혹은 그 자리의 상황이나 분위기를 보고 누구와 갔는지는 판단할 수 있다.

이처럼 문장의 핵심은 동사다.

그렇다면 동사를 놓치지 않으려면 어떻게 해야 할까? '동사를 최대한 외우면' 된다.

안타깝지만 영어를 공부하면서 단어 암기를 피해 갈 수는 없다. 다만, 무작정 모든 단어를 외울 필요는 없다.

단어를 외울 때 중요한 점이 크게 두 가지 있다.

첫 번째는 단어를 외우는 순서다. 먼저 '동사'부터 공부하도록 한다. 동사를 외웠다면, 다음은 명사다. 명사는 문장을 해석하는 데 큰 영향을 미친다. 명사도 끝냈다면, 이제는 '형용사'와 '부사' 등을 차례로 외우면서 효율적으로 어휘력을 기를 수 있게 된다.

접두사·접미사로 효율적으로 어휘력을 기른다

두 번째는 '접두사와 접미사'를 외우는 것이다.

접두사란 단어 맨 앞에 붙는 im-이나 ex- 같은 말을 가리킨다. 접미사는 단어의 마지막에 붙는 -tion이나 -ly 같은 말이다. 이러한 접두사와 접미사에는 각각 '의미'가 있다.

예를 들면, dis-라는 접두사에는 어원에서 비롯된 '다른 방향으로'라는 의미가 있다. 여기에서 '~가 아니다', '~하지 않는다'라는 뉘앙스를 가지게 되었다. 따라서 like(좋아하다)라는 단어에 접두사 dis-(~가 아니다)가 붙어서 dislike, '싫다'라는 의미가 된다. discount는 dis- (~하지 않는다)와 count(수를 세다)가 합쳐져 '할인하다'라는 뜻이 된다. 이처럼 접두사와 접미사를 알아 두면, like와 dislike를 따로따로 외울 필요가 없어진다.

어휘 실력은 어원이 되는 말과 접두사·접미사를 얼마나 많이 아는가에 따라 크게 달라진다. 알아 두어야 할 어원과 접두사·접미사가 많으므로, 자세히 배우고 싶은 사람은 나의 저서 『한 번 읽으면 절대 잊을 수 없는 영단어 교과서』를 꼭 읽어 보길 바란다.

| 제 2 장 | 비즈니스 영어 듣기　　　　　　　　　　　　| 통역사의 듣기 기술 ③

슬래시 리스닝

슬래시 리스닝

'대충 알아듣는다'에서 '정확하게 알아듣는다'로 단계를 올리기 위한 통역사의 기술을 소개하겠다. 바로 **슬래시 리스닝(Slash listening)**이다.

슬래시 리스닝이란 상대의 발언을 정확하게 '요약'하는 것이다.

음성은 사용하지 않는다

슬래시 리스닝에서 가장 먼저 할 일은 '자신의 힘으로 음성 문장(스크립트)을 전부 번역하기'다. 이때 '음성은 사용하지 않는다'는 규칙을 지켜야 한다.

듣기 훈련인데 음성을 사용하지 않는다고? 그렇게 생각할 수도 있지만, 본래 한국어로 이해한 영어 문장을 듣는 것이 이 듣기 훈련의 대전제가 되기 때문이다. 한국어로 그 의미도 모르는 영어를 들어봤자 그것은 단지 '소리'가 될 뿐이어서 훈련하는 의미가 없다.

영어 문장을 들으면서 스크립트를 읽는다

한국어로 영어 문장의 의미를 이해했다면, 다음은 '영어 문장을 들으면서 스크립트를 읽는' 작업에 들어간다. 글자를 읽으면서 발음과 글자를 일치시키려는 목적으로 하는 훈련이다.

예를 들면, First of all은 '퍼스트 오브 올'이라고 들리지 않고, '퍼스터벌'이라고 들린다. 영어 문장을 들으면서 스크립트를 읽으면 '아하, First of all은 "퍼스터벌"로 들리는구나!' 하고 알 수 있다. 이렇게 하지 않으면 듣기 실력을 키우기는 더 어려워진다.

스크립트를 보지 않고 영어 문장만 듣는다

마지막으로 스크립트는 덮은 채 영어 문장만 듣고 의미를 이해한다. 앞서 한국어 의미도 영어 발음도 이해했기 때문에 머릿속에 영어가 쏙쏙 들어오는 것을 실감할 수 있을 것이다.

이때 눈을 감고 음성에 집중하면 알아듣기가 더 쉬워진다.

슬래시 리스닝의 핵심은 '요약'

이 순서로 하면 슬래시 리스닝을 할 줄 알게 되는데, 더 '정확하게 알아듣기' 위해서는 항상 내용을 '요약'하는 것이 중요하다.

예문으로 확인해 보자.

> I think we should get back before the sun sets!
> Because it'll be cold and rainy as the weather forecast said, I suppose.
> Let's move out now!

이 문장들을 슬래시 리스닝 하면 '해가 지기 전에 돌아가자!', '일기 예보에서 날씨가 추워지고 비가 온다고 했어.', '자, 가자!' 이런 식으로 요약할 수 있다.

| 제 2 장 | 비즈니스 영어 듣기 | | 되묻기 |

'되묻기'가 실수를 줄인다!

망설이지 않고 되물어야 한다

상대방의 발언을 이해하지 못하거나, 알아들은 내용이 맞는지 불안할 때는 망설이지 말고 되묻는 것이 중요하다. 실은 통역사도 되묻는 일이 빈번하다. 되물으면 실례되지 않을까 생각할 수도 있지만, 전혀 그렇지 않다. 제1장에서도 '되묻는 법'에 대해 살짝 언급했지만 여기서는 조금 더 자세히 다루어 보겠다.

상대방이 한 말을 확실하게 이해하지 못했을 때

상대방의 발언이 잘 이해되지 않을 때는 You mean ~? (즉, ~이라는 말씀인가요?) 혹은 You said ~? (~라고 말했나요?)라고 말한다.

> **You mean** you want to start our project right now?
> (즉, 당신은 우리 프로젝트를 바로 시작하고 싶다는 말씀인가요?)

중요한 것은 Do you mean ~?이나 Did you say ~? 등 의문문 형태가 아니어도 된다는 점이다. 의문문으로 말하지 않는 이유는 이미 관용구 같은 표현이 되었기 때문이다. You said ~?도 있지만, 이는 친한 친구를 대할 때 쓰는 표현이다. 비즈니스 자리에서는 You mean ~?

이 더 적절하다.

상대방이 한 말을 전혀 이해하지 못했을 때

상대방의 발언을 전혀 이해할 수 없을 때는 다음과 같이 표현한다.

> What do you mean?
>
> (즉, 무슨 말씀이신가요?)

이렇게 말하면 상대방은 알기 쉬운 문장으로 다시 말해 준다. 이 표현은 다양한 상황에서 사용할 수 있어 편리하다.

예를 들어, 상대방이 한 말의 내용을 이해하지 못했을 때뿐만 아니라 말하는 속도가 너무 빨라서 못 알아들었을 때, 주위의 소음이나 누군가가 이야기에 끼어드는 바람에 말이 들리지 않았을 때도 What do you mean?을 사용하면, 상대가 다시 한번 천천히 알기 쉽게 말해 준다. 비즈니스 영어에서는 꼭 알아 두어야 할 표현이다.

"다시 한번 부탁드립니다."

그 밖에도 '다시 한번 부탁드립니다.'라는 표현에는 여러 가지가 있다.

> 1. Pardon me?
> 2. I beg your pardon?
> 3. Excuse me?

기본적으로 이 세 가지는 '주위가 시끄러워서 상대방의 목소리가 들리지 않았을' 때 사용하는 표현이다. 따라서 상대방은 다시 한번 같은 속도로, 같은 표현으로 말한다.

상대방이 말하는 속도가 너무 빨라서 못 알아들었을 때는 앞서 이야기한 What do you mean?을 사용하도록 하자. 영어 실력이 어느 정도 올라가면 구분해서 사용할 줄 알게 되겠지만, 기본적으로는 What do you mean? 하나만 알아 두어도 문제없다.

제2장 | 비즈니스 영어 듣기   들으면서 메모하기 ①

'메모' 활용법

 메모하기

비즈니스 영어 듣기에서 중요한 것은 메모하기(Noting)다. 미팅 시간이 길어지면 상대가 처음에 말했던 내용을 점점 잊어버리게 되므로, 메모를 해야 한다.

메모할 때 지켜야 할 세 가지 포인트가 있다. 차례로 살펴보자.

 메모의 포인트 ① 슬래시 리스닝

첫 번째는 **슬래시 리스닝**이다.

슬래시 리스닝이란, 상대의 발언 내용을 정확하게 '요약'하는 것이다. 요약하지 못하면 불필요한 내용까지 메모하게 되고, 결국 상대가 말하는 속도를 따라잡을 수 없게 된다.

발언 내용을 한 마디도 빠뜨리지 않고 받아 적으려고 들면, 딕테이션(Dictation, 받아쓰기)을 하는 셈이 된다. 딕테이션은 '속기사'라는 특수한 훈련을 받은 전문가가 하는 작업이다. 일반인에게는 딕테이션이 불가능하므로 메모할 때 발언 내용을 '요약'할 수 있도록 유의하자.

 메모의 포인트 ② 시간순으로 적는다

두 번째는 반드시 '시간순'으로 메모하는 것이다. 말한 순서대로 적지 않으면 나중에 메모를 다시 봤을 때 이야기의 흐름을 쉽게 파악할 수 없는 데다, 누가 무슨 말을 했는지도 알 수 없게 된다. 위에서 아래로 쓸지, 왼쪽에서 오른쪽으로 쓸지는 취향대로 정하면 되지만, 반드시 나중에 다시 봤을 때 한눈에 시간순을 알아볼 수 있게끔 적도록 하자.

메모의 포인트 ③ 기호·그림·로마자를 섞는다

발언 내용을 전부 글자로 쓰면 대화 속도에 맞출 수 없다. 여기서 세 번째 포인트가 나온다. 바로 '**기호·그림·로마자**' **섞어 쓰기**다.

예를 들면, 에드워드 씨라는 인물이 한 발언이라면 'E'라고 표기하고, 의견에 찬성한다면 'O'를 그리는 등 빠르게 메모할 수 있도록 생각해 두어야 한다.

다시 봐도 내용을 재현할 수 있도록 한다

모처럼 메모해도 나중에 다시 봤을 때 내용이 기억나지 않으면 의미가 없다. 메모가 헛되지 않도록 규칙을 만들어야 한다.

메모 훈련법으로 간단한 영어 회화 음성을 사용하는 방법이 있다. 다시 한번 말하지만, 반드시 '요약'을 해야 한다. 그리고 메모를 마쳤다면 음성 스크립트와 내용이 맞는지 확인한다. 메모와 듣기는 '기술'이다. 금세 익힐 수 있는 '지식'이 아니므로 시간을 들여 연습하도록 하자.

최소한의 정보로 한정한다

메모할 때는 내용을 떠올릴 수 있는 '최소한의 정보'만 적는 것이 중요하다. 그럼 이어서 메모에 필요한 키워드를 소개하겠다.

| 제 2 장 | 비즈니스 영어 듣기 | 들으면서 메모하기 ② |

보기 좋은 메모의 여덟 가지 포인트

 메모를 보기 좋게 만드는 키워드

'보기 좋게 메모'하는 데 중요한 것은 내용을 떠올릴 수 있는 '최소한의 정보'만 적는 것이다. 메모에 필요한 여덟 가지 키워드를 소개하겠다.

메모에 필요한 여덟 가지 키워드

1. S+V (주어+서술어)
2. 고유 명사
3. 약칭
4. 숫자
5. 단위
6. 시간
7. 장소
8. 모르는 단어

1. 'S+V(주어+서술어)'는 '누가 어떻게 한다'는 책임 소재를 확인할 수 있다. 이를 파악해 두지 않으면 이야기의 내용이 흐려지고, 나중에 다시 떠올릴 수 없게 된다.

2. '고유 명사'는 특히 잊어버리기 쉬우므로 잘 메모해 놓는다.

3. '약칭'은 CEO(최고 경영 책임자) 등 직함인 경우가 많지만, UK(영국)나 US(미국), KR(한국) 등 나라 이름, WHO(World Health Organization: 세계보건기구)나 IMF(International Monetary Fund: 국제통화기금) 등 국제 기구를 가리키는 일도 있다.

4. '숫자'는 비즈니스에서 가장 중요한 요소다. 특히 금액을 잘못 들으면 돌이킬 수 없게 되므로 주의해야 한다.

5. '단위'도 숫자만큼이나 중요하다. 특히, 통화 단위를 틀려서는 안 된다. 원화이냐 엔화이냐에 따라 실제 금액이 달라지며, 달러에는 나라별로 미국 달러(USD), 호주 달러(AUD), 캐나다 달러(CAD), 홍콩 달러(HKD) 등이 있다. 단위도 틀리면 큰 손해를 낳을 수 있으니 주의하자. 물론 상품 개수나 컨테이너 크기도 중요하므로 잘못 알아듣지 않도록 신경 써야 한다.

6. '시간'과 7. '장소'도 틀리면 큰 문제가 된다. 반드시 적어 두도록 하자.

8. '모르는 단어'는 아무리 많은 단어를 외워도 대화하다 보면 또 나오게 된다. 그럴 때는 '단어가 들린 그대로' 로마자나 한글로 적어 두는 것이 중요하다. 그러면 나중에 다시 볼 때 천천히 그 단어를 알아볼 수 있다.

모르는 단어를 무시해 버리면, 나중에 메모를 알아볼 수 없게 될 뿐만 아니라, 이야기의 내용이 이어지지 않게 된다. 반드시 **'모르는 단어는 들린 대로, 그대로 적도록'** 한다.

| 제 2 장 | 비즈니스 영어 듣기   　　　　　　　　　　　　　　　　| 듣기 미팅편 ①

상대방의 발언 내용을 확인한다

 발언 내용 확인의 필요성

여기서는 비즈니스 미팅에서 해야 하는 '발언 내용 확인'에 관해 이야기하고자 한다.

'되묻기'는 상대방의 발언 내용을 '이해할 수 없을 때' 사용하는 표현이다. 한편, '발언 내용 확인'은 '내용을 이해한 후에 다시 한번 확인하는' 작업을 말한다. '발언 내용 확인'을 해두지 않으면, '그런 말 했다, 안 했다' 문제로 발전할 위험이 있으니 중요한 작업이다.

 확인할 때 사용하는 표현

미팅이나 대화 마지막에 발언 내용을 확인할 때는 다음과 같이 표현한다.

> Let us confirm what we discussed.
> (우리가 논의한 내용을 확인해 봅시다.)

이때 **confirm 대신 check를 사용해도 되지만, 다소 스스럼없는 인상을 주게 되므로, 비즈니스 영어에서는 일반적으로 confirm을 사용한다.** make sure는 '사실 여부를 확인한다'는 뉘앙스를 풍기므로, 발언 내용을 확인할 때 사용하는 표현으로는 적절하지 않다.

Let us를 Let's로 생략해도 되지만, 의도적으로 Let us로 나눔으로써 격식을 차려 표현할 수 있다. 비즈니스 자리에서는 Let us 하고 명확하게 나누어 말하기를 권장한다.

미팅이나 대화 마지막에 정해진 대사를 말하듯이 Let us confirm what we discussed. 를 구사할 수 있도록 해 두자.

 ## 재확인하는 방법

항목별로 번호를 매기면서 말하면, 상대방도 이해하기 쉬워지고 오해가 생길 일도 줄어든다.
예문으로 확인해 보자.

> One, we start this project in October of this year.
> Two, we pay 60% of the expenses, and your company pay for the rest.
> Three, …….
> (첫 번째, 당사는 올해 10월에 이 프로젝트를 시작합니다.
> 두 번째, 당사는 비용의 60%를 지급하고 나머지는 귀사가 지급합니다.
> 세 번째, …….)

이처럼 항목별로 하나씩 확인해야 한다. 특히, 일시나 돈에 관한 내용은 반드시 확인하자. 그리고 마지막으로 다음과 같은 표현을 사용한다.

> That's all. Do you have any question or amendment?
> (이상입니다. 무슨 질문이나 수정 사항이 있습니까?)

이로써 별다른 문제가 없다면 끝이다. 이는 '되묻기'가 아닌 '재확인' 작업이다. 비즈니스 미팅 자리에서는 반드시 마지막에 재확인하도록 한다.

| 제 2 장 | 비즈니스 영어 듣기　　　　　　　　　　　　　　　　| 듣기 미팅편 ②

'원어민 영어', '비원어민 영어' 듣기

 ### 상대방이 말하는 속도가 빠를 때

영어 말하기에는 한국어와 다른 성질이 있다. 한국어나 일본어에 비하면 영어는 입의 개폐가 적다. 요컨대 **입을 많이 열지 않아도 영어를 말할 수 있다**는 말이다.

따라서 영어는 한국어나 일본어보다 말하는 속도가 빠른 경향이 있다. 사실 이것이 우리가 종종 '원어민이 영어를 하면 속도가 빠르다'라고 말하게 되는 원인이다.

듣기 연습을 할 때 유튜브나 뉴스 음성을 듣기도 하는데, 이때 주의할 점은 가령 미국의 대표적인 뉴스 채널 CNN에서는 영어를 표준의 1.2배로 말한다는 점이다. 따라서 영어 뉴스를 듣기 연습 교재로 사용할 때는 표준 속도보다 빠르다는 점을 알아 두어야 한다. 뉴스에서 말하는 영어를 제대로 알아듣게 되면, 회화 수준의 듣기도 충분히 대응할 수 있게 된다. 반대로 뉴스 영어가 너무 빠르다고 느껴진다면, 일상 회화로 듣기 연습을 하도록 하자.

만약 상대가 말하는 속도가 너무 빨라서 알아들을 수 없을 때는 **Make it slower**.나 **Please speak slower., More slowly, please.**라고 말하면 상대가 천천히 말해 줄 것이다.

 ### 상대방이 사투리를 사용하는 경우

비즈니스 자리에서 보는 원어민 중에도 표준어 지정된 영어가 아닌, 자기 지역에서 사용하는 사투리로 말하는 사람이 많다.

사투리 중에는 뉘앙스로 대충 알아들을 수 있는 것도 있는 반면, 개중에는 뭐라고 하는지 전혀 알 수 없는 것도 있다. 특히 미국 남부(미시시피주, 앨라배마주, 조지아주 등)는 사투리가 강하므로 주의해야 한다. 상대방이 사투리인 줄 모르고 사용하는 단어와 표현도 많다. 만약, 상대가 무슨 말을 하는지 모르겠을 때는 **I don't know what you are saying.** (당신이 무슨 말을 하는지 모르겠습니다.)라고 말하자.

평소 비원어민 영어에 익숙해지도록 들어 둔다

비원어민 영어의 발음과 강세, 억양은 출신 나라에 따라 제각각이다. 특히 억양은 원어민 영어와 다를 때가 많다. 예를 들어, 일본인이 영어를 할 때는 R과 L을 일본어의 라(ㅋ)행에 가깝게 발음하는 경향이 있다.

물론 비원어민 영어가 원어민 영어와 다르다고 해서 잘못되었다는 말은 아니다. 비영어권에는 나라 수만큼 비원어민 특유의 억양과 발음이 존재한다.

비즈니스 상대가 비원어민일 경우, 유튜브 등을 통해 미리 그 나라 사람들이 하는 영어를 들어 두기를 권장한다. 사흘 정도 계속 들으면 그 나라에서 온 비원어민 영어에 귀가 익숙해진다. 억양과 발음, 문법과 단어를 중심으로 유튜브를 통해 확인해 두면 당일에 당황하지 않을 것이다.

무슨 소리를 하는지 이해할 수 없을 때

나 역시 비원어민을 상대로 앞서 여러 차례 등장한 You mean ~?을 자주 사용한다. 비원어민 영어는 발음이나 강세가 독특한 경우가 많아서 You mean ~? 표현을 사용해 그때마다 확인해야 한다.

| 제 2 장 | 비즈니스 영어 듣기 　　　　　　　　　　　　　　　　| 듣기 연설편 |

'연설 영어' 듣기

 처음과 마지막에 중요한 내용을 말한다

연설은 연사가 청중이 제대로 이해하도록 말하는 데 중점을 두기 때문에, 비교적 천천히, 또박또박, 그리고 알기 쉬운 표현으로 말하는 경우가 많아 듣기가 쉽다. 일상 회화보다 연설이 더 듣기 쉽다고 해도 좋을 정도다.

　연설을 들을 때 주목해야 할 포인트가 세 가지 있다. 차례로 살펴보자.

　먼저 첫 번째 포인트는 <u>처음 부분과 마지막 부분에 중요한 내용을 말한다</u>는 점이다. 연설뿐만 아니라 영어에서는 중요한 내용을 반드시 먼저 말한다. 말하기 항목에서도 이야기했듯이 처음에 "오늘 여러분께 말하고 싶은 바는……" 하고 말을 시작하며 결론이자 중요한 내용을 말한다.

　단, 신제품 발표 자리 같은 경우에는 일부러 결론이자 중요한 내용을 마지막에 말하는 일도 흔하다. 처음과 마지막 모두에서 말하기도 한다. 그러므로 처음과 마지막 부분 모두 놓치지 않도록 집중력을 높여 두어야 한다.

 'You'와 'Your', '최상급' 문장은 청중에게 보내는 메시지

두 번째 포인트는 <u>You나 Your로 시작하는 문장은 '청중에게 보내는 메시지'</u>라는 점이다. 더불어 최상급(the ~est나 most ~) 표현도 청중에게 보내는 메시지인 경우가 많다.

예문을 한번 살펴보자. 다음은 애플 창업자인 스티브 잡스가 스탠퍼드대학교에서 연설했을 때 나온 유명한 구절이다.

> And most important, you have the courage to follow your heart and intuition. (일부 수정)
>
> (가장 중요한 것은 자신의 마음과 직감을 따를 수 있는 용기를 갖는 일입니다.)

이 문장 첫머리에 느닷없이 most important라는 최상급이 나왔다. 이는 청중에게 보내는 메시지다. 그리고 주어가 you이고 목적어에 your heart and intuition이 있으므로, 이 역시 모두에게 전하고 싶은 말임을 나타낸다. 여기서 you는 '당신은'이라는 의미로 볼 수도 있지만, '여러분'에 가까운 뉘앙스이므로 한국어 번역에는 반영하지 않았다.

 ## '반복되는 단어나 표현'에 주목한다

세 번째 포인트는 **'반복되는 단어나 표현'에 주목하는 것**이다. 예를 들어, 1963년 킹 목사가 연설한 'I have a dream'이라는 너무나도 유명한 연설 중에 I have a dream. (나에게는 꿈이 있다.)이라는 표현이 여러 차례 나온다.

앞서 살펴본 스티브 잡스의 연설에도 Stay hungry, Stay foolish! (배고프게 다른 사람과 다른 것을 추구하라!)라는 구절이 있다. 여기서도 Stay를 반복해서 말한다.

한국어에서도 그렇지만, 같은 단어나 표현을 반복해서 말하면 청중의 의식도 자연스럽게 연사에게로 향한다. 따라서 주장하고 싶은 내용은 같은 단어나 표현을 반복하며 말하도록 한다. 듣기를 하다가 반복되는 단어나 표현이 나오면 '아, 이건 주장이구나'라고 생각하면서 주의 깊게 듣도록 하자.

| 제 2 장 | 비즈니스 영어 듣기 | | 프레젠테이션 |

'프레젠테이션 영어' 듣기

 '목소리 커지는 곳', '속도가 느려지는 곳'이 중요하다

연설이나 프레젠테이션에서는 '목소리가 커지는 곳'이나 '속도가 느려지는 곳'은 중요한 내용, 즉 내세우는 점임을 의미한다.

홈쇼핑을 보면 '목소리가 커지는 곳', '속도가 느려지는 곳'이 내세우는 점임을 잘 알 수 있다. 실은 TV 홈쇼핑에는 비즈니스 스쿨에서 배우는 연설의 기본이 모두 담겨 있다. 프레젠테이션 교재 삼아 TV 홈쇼핑을 보면 많은 도움이 된다.

예를 들면, "세상에! 지금부터 30분 동안만!"이나 "오늘만!" 같은 대사를 말할 때 목소리가 커지거나 속도가 느려진다. 상품 설명 내용뿐만 아니라, 목소리를 키우거나 말하는 속도를 늦추는 등 연출을 함으로써 시청자들의 마음을 사로잡는다.

청중으로서도 연사의 목소리가 커지거나, 속도가 느려지면 "무슨 말을 하려나?" 하고 집중력을 높여 의식하도록 하자. 그리고 발표하는 내용을 메모하는 것도 중요하다.

 세세한 내용은 마지막에 이야기한다

프레젠테이션에서 발표하는 신제품의 '발표 시기', '가격', '구매할 수 있는 가게' 등 상세 정보는 마지막에 나온다. 비즈니스 영어에서는 프레젠테이션 마지막에 상세한 내용을 발표하는 것이 암묵적인 규칙이기 때문이다.

그래서 '이 상품을 사고 싶다.', '이 회사와 거래하고 싶다.'라고 생각한다면 프레젠테이션을 끝까지 잘 들어야 한다.

접속사에 주의한다

프레젠테이션 듣기에서는 **접속사에 주의해야 한다.**

한국어와 마찬가지로 영어 문장도 '순접(예시·비유 포함)', '역접', '인과관계'라는 3대 요소로 이루어져 있다. 쉽게 말하면, '여기서부터가 중요해요!' 하고 장면이 전환될 때 그 장면 전환의 키워드가 '접속사'다.

이어서 대표적인 접속사를 소개하겠다(편의상 원래 부사로 취급하는 말도 접속사로 넣었다).

프레젠테이션에서 사용하는 대표적인 접속사

1. 그러나

   But ~ / However, ~ / Yet, ~

2. 예를 들면

   For example, ~ / For instance, ~

3. 즉

   In short, ~ / That is, ~

4. 그러므로

   Therefore, ~ / Thus, ~

그 외에도 접속사는 많지만, 프레젠테이션에서는 대부분 위의 접속사를 사용하므로, 우선은 이 말들을 확실하게 알아 두자.

1. 그러나

'그러나'는 '역접'일 때 사용하는 표현이다. 예를 들면 "나는 카레를 먹고 싶었다. '그러나' 라면을 먹었다"라는 문장에서 중요한 부분은 '그러나' 뒤에 오는 '라면을 먹었다' 부분이다.

　이처럼 '그러나' 뒤에는 '주장'이나 '중요한 내용'이 온다는 사실을 기억해 두자.

　But이나 However는 익숙하겠지만, Yet도 프레젠테이션에서는 자주 사용한다. 학교에서는 not ~ yet 형태로 '아직 ~이지 않다'라고 배우지만, '그러나'라는 의미로도 많이 쓰인다.

2. 예를 들면

'예를 들면'은 예시를 드는 표현이다. 더욱 자세하고 구체적으로 설명할 때 사용하는 말이다. "빨간 것을 상상해 보세요. '예를 들면' 사과 같은." 이때 '빨간 것'이라는 막연한 표현 뒤에 '예를 들면' 하고 이어지며 '사과'라는 구체적인 말을 사용했다. 그러므로 '예를 들면' 뒤에 오는 말도 주의해서 들어야 한다.

　학교에서는 For example을 많이 사용하지만, 비즈니스 영어에서는 For instance를 사용하는 빈도가 더 높다. 물론 For example을 사용해도 된다.

3. 즉

'즉'은 문장을 요약하거나 결론을 말할 때 사용하는 표현이다. 예를 들어, "이번에는 예산이 부족합니다. '즉', 이 프로젝트는 연기하겠습니다"와 같은 식으로 사용한다. '즉' 뒤에는 문장의 결론이 온다.

　비즈니스 영어에서는 In short나 That is라는 표현을 사용하는 경우가 많다. That is는 학교에서는 잘 배우지 않는 표현이지만, 비즈니스 영어에서는 자주 사용하므로 기억해 두자.

4. 그러므로

'그러므로'는 '그래서'와 같은 인과관계를 나타내는 표현이다. 이 말 뒤에는 '주장'이나 '결과'가 온다. 예를 들어, "나는 청국장이 싫다. '그래서' 먹기 싫다"에서는 '청국장을 먹고 싶지 않다.'가 주장이 된다. Therefore도 Thus도 자주 사용하는 표현이다.

| 제 2 장 | 비즈니스 영어 듣기 | 듣기 공부법 ①

처음 세 단어에 내용이 응축되어 있다

 영어에는 말을 나열하는 순서가 다섯 가지 패턴(형식)밖에 없다

어순에 관해 조금 더 발전시킨 형태로 설명하겠다. 오른쪽 페이지의 그림을 보자.

영어에는 말을 나열하는 순서가 다섯 가지 패턴(형식)밖에 없다. 의문문이나 명령문 등 예외는 있지만, 기본적으로 영어 문장은 말을 나열하는 다섯 가지 패턴(형식) 중 하나에 들어맞는다.

대부분이 이 형식을 배울 때 쉽게 이해하지 못하고 헤맨다. '말을 나열하는 순서가 정해져 있다'라는 말이 한국어 화자에게는 와닿지 않기 때문이다. 다음 세 개의 문장을 살펴보자.

> 나는 어제 차를 샀다.
> 어제 나는 샀어, 차를.
> 차를 말이야, 샀거든! 나, 어제.

어떠한가? 모두 의미를 이해할 수 있을 것이다. 이것이 한국어의 가장 큰 특징이다. 한국어에는 조사가 존재해 말의 순서가 뒤섞여도 의미가 이해된다.

그런데 영어의 어순은 I bought the car yesterday. 이 한 가지밖에 존재하지 않는다. 한국인이라면 I the car bought yesterday.라고 바꾸어 버려도 대충 무슨 소리인지 알 수 있지만, 원어민은 도통 이해할 수 없다. 한국인은 오히려 그 감각을 이해하기가 어렵다. 그래서 영어를 불편하게 느끼는 사람도 많다.

그림 2-1 　영어의 5형식

1형식 (S+V)

[주어] + [서술어]
~는 / ~가 　~하다 / ~이다

예: **I go.**
　　(저는 갑니다.)

2형식 (S+V+C)

[주어] + [서술어] + [보어]
~는 / ~가 　~하다 / ~이다

예: **The cat is cute.**
　　(그 고양이는 귀엽습니다.)

3형식 (S+V+O)

[주어] + [서술어] + [목적어]
~는 / ~가 　~하다 / ~이다 　~에게 / ~를

예: **He bought a new car.**
　　(그는 새 차를 샀습니다.)

4형식 (S+V+IO+DO)

[주어] + [서술어] + [간접목적어] + [직접목적어]
~는 / ~가 　~하다 / ~이다 　~에게 　~를

예: **She gave her mother a present.**
　　(그녀는 어머니에게 선물을 주었습니다.)

5형식 (S+V+O+C)

[주어] + [서술어] + [목적어] + [보어]
~는 / ~가 　~하다 / ~이다 　~에게 / ~를

예: **I named my cat Maru.**
　　(나는 내 고양이를 마루라고 이름 지었습니다.)

비즈니스 영어에서 형식이 하는 역할

듣기에서도, 말하기에서도 반드시 이 다섯 가지 형식을 의식해야 한다. 특히 말하기에서는 영어를 다음과 같이 한국어 어순에 따라 말하는 사람이 많다.

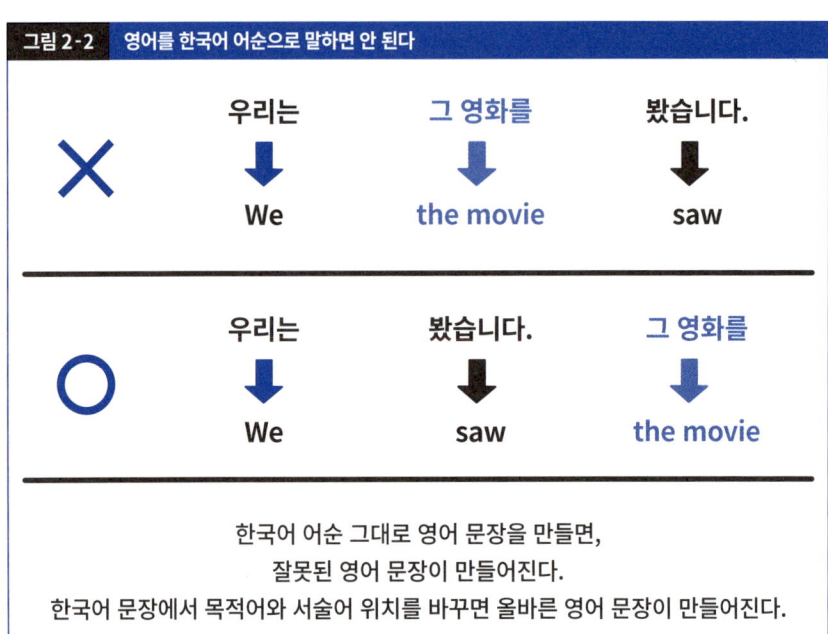

그림 2-2 영어를 한국어 어순으로 말하면 안 된다

한국어 어순 그대로 영어 문장을 만들면, 잘못된 영어 문장이 만들어진다.
한국어 문장에서 목적어와 서술어 위치를 바꾸면 올바른 영어 문장이 만들어진다.

'우리는(주어)', '그 영화를(목적어)', '봤습니다(서술어·동사)'는 한국어 어순이다. 무심코 그 순서대로 We the movie saw. 하고 말하는 사람이 정말 많다. 이 문장은 3형식이므로, We saw the movie.라고 말하지 않으면 상대방은 이해하지 못한다.

3형식이 이해가 잘 안되는 사람은 일단 한국어의 목적어와 서술어(동사)를 반대 순서로 말한다고만 기억해 두면 된다.

듣기에서도 마찬가지다. 한국어 어순을 생각하면 주어 뒤에 목적어 '~을 / 를'을 두고 싶어지지만, 영어에서는 주어 뒤에 동사가 오니 머릿속이 혼란스러워진다. 이것이 영어를 알아듣지 못하는 원인 중 하나이기도 하다. 우선은 영어의 어순, '주어', '서술어(동사)', '목적어'에 익숙해지는 것이 굉장히 중요하다. 머릿속에서 영어의 순서를 자연스럽게 받아들이게 되면, 듣기와 말하기 모두 실력이 확 오르는 것이 실감될 것이다.

중요한 3형식과 4형식

다섯 가지 형식 중 말하기와 듣기에서 가장 많이 사용되는 것이 3형식이다. 그리고 그다음이 4형식이다. 따라서 말하기와 듣기 모두 의식하지 않아도 자연스럽게 말하거나 들을 수 있도록 3형식의 형태를 어떻게 해서든 머릿속에 집어넣어야 한다.

3형식에 목적어가 하나 더 더해진 4형식도 자주 등장한다. 대부분 앞에 오는 목적어에는 '사람', 뒤에 오는 목적어에는 '사물'이 온다. 그래서 4형식은 '주어가 "사람"에게 "물건"을 ~한다'라는 의미가 된다.

덧붙여 4형식은 동사 자리에 수여 동사라고 해서 '주다'와 같은 뉘앙스를 가진 말이 온다. 대표적인 동사가 give다. I give him a book. (그에게 책을 준다.) 이런 식으로 사용한다. 반대로 말하면, 만약 4형식의 동사를 알 수 없을 때는 일단 '주다'를 대입해 보면 내용이 파악되는 경우가 많다.

말하기도 의식해야 한다

듣기 실력을 키우려면 말하기에도 시선을 돌릴 필요가 있다. 영어를 올바른 어순으로 알아들으려면, 먼저 올바른 어순으로 말할 수 있어야 한다. 엉망진창인 어순으로 말하면, 듣기 실력도 좀처럼 좋아지지 않는다. 듣기와 말하기는 이어져 있다. 평소에도 의식하도록 하자.

| 제 2 장 | 비즈니스 영어 듣기 　　　　　　　　　　| 듣기 공부법 ② |

듣기 훈련 4단계

 듣기 공부의 단계

이번 장을 마무리하면서 다시 한번 듣기 훈련법을 정리하겠다. **듣기에서 중요한 것은 '소리'와 '글자'를 일치시키는 것**이다. 듣기는 다음과 같은 4단계를 통해 훈련하기를 권장한다.

1단계 '음성'과 '영어 문장'을 준비한다
2단계 영어 문장을 꼼꼼하게 번역한다
3단계 영어 문장을 읽으면서 음성을 듣는다
4단계 영어 문장을 보지 않고 음성만 듣는다

1단계는 교재 준비 단계다. 반드시 '음성'과 '영어 문장(스크립트)' 모두 있는 교재를 사용하자. 어느 하나만 있어서는 듣기 공부에 적합하지 않다.

2단계에서 반드시 듣기 전에 영어 문장(스크립트)을 꼼꼼히 번역해야 한다. 그렇게 하지 않으면, 단어나 표현의 의미도 모른 채 듣게 되어 듣기 실력이 전혀 향상되지 않는다.

또, '중요한 단어나 표현'에 형광펜으로 표시해 두면 '듣지 않는 듣기'를 할 수 있어 매우 효과적이다.

3단계에서 처음으로 음성을 듣는다. 이때 반드시 자신이 번역해서 의미를 이해한 영어 문장

(스크립트)을 읽으면서 듣는다. 듣기는 귀뿐만 아니라 눈도 함께 사용해야 한다.

3단계에 익숙해지면 4단계로 넘어가 영어 문장을 보지 않고 음성만 듣는다. 이쯤 되면 음성만 들어도 놀라울 정도로 내용이 이해되는 수준이 되었음을 실감할 수 있을 것이다.

단, 이 작업을 몇 번 한 정도로는 큰 효과를 기대할 수 없다. 적어도 열 번, 가능하면 수십 번은 하는 것이 이상적이다.

"같은 영어 문장을 계속 듣는 것은 비효율적이지 않나요?" 그런 질문도 많이 받았지만 오히려 반대다. 한두 번 듣고서 바로 다른 음성으로 넘어가면 듣기 실력은 늘지 않는다. 음성을 몸에 스며들게 하는 느낌으로 하나의 음성을 수십 번 듣는 것이 중요하다.

교재 선택이 중요하다

듣기 연습에서는 교재 선택이 매우 중요하다. 앞서 이야기했듯이 실용영어기능검정이나 토익 등 시험용 교재는 추천할 수 없다.

다음은 내가 추천하는 듣기 교재다.

1. 듣기용 교재 (초급)
2. 유튜브 (중급) -TV 프로그램, 연설, 여행기 등-
3. 외국 영화·드라마 (상급)
4. 오디오북 (초급~상급)
5. 실제로 외국인과 대화하기! (초급~상급)

우선 영어 문장(스크립트)이 있는 듣기용 교재로 연습하기를 권장한다.

그다음에 유튜브나 외국 영화·드라마에 도전해 보자. 듣기용 교재와 달리 현장감 있는 대화를 들을 수 있는 데다, 자신의 듣기 능력 수준에 맞추어 재생 속도를 조절할 수 있다.

최근에는 오디오북도 많이 보급되어 있다. 자투리 시간에 가볍게 들을 수 있어 매우 편리하다. 단, 대부분 스크립트가 없을 테니 가능하면 서적을 구해 읽은 후에 오디오북으로 음성을 듣는 것이 좋다.

그리고 기회가 되면 실제로 외국인과 대화해 보자. 생생한 대화를 즐기면서 듣기와 말하기도 연습할 수 있을 것이다. 실제로 이루어지는 대화에 스크립트는 없지만, 모르는 단어나 표현을 되묻거나 질문할 수 있어 문제될 것이 없다.

최근에는 화상 영어 회화 수업도 늘었다. 이용해 본 적이 있는 사람도 있지 않을까. 화상 영어 회화 수업을 통해서도 충분히 생생한 회화 같은 느낌으로 배울 수 있어 추천하는 바이지만, 대면 영어 회화 학원과는 강사의 품질에 차이가 날 수 있다. 그러므로 모든 온라인 학원에 체험 수업 서비스가 마련되어 있을 테니, 여러 학원에서 다양한 강사의 수업을 들어 보면 좋을 듯하다.

듣기 공부에 부적합한 교재

이번에는 반대로 듣기 공부에 부적합한 교재를 소개하겠다. 절대 사용해서는 안 된다는 말은 아니지만, 생각만큼 듣기 실력이 늘지 않거나, 도중에 좌절하게 될 가능성이 있는 교재들이다.

1. 서양음악
2. 자격시험용 음성
3. 원어민이 듣기 위한 속도가 빠르고 표현이 어려운 음성
4. 관심 없는 내용을 다루는 음성
5. AI 음성

1. 서양음악은 물론 좋아해서 듣는 것이야 상관없지만, 듣기 공부용으로는 추천할 수 없다.

서양음악 가사의 대부분이 기본적인 문법을 따르지 않기 때문이다. 덧붙여 비즈니스 자리에서 사용하기에는 부적절한 표현도 많다.

  2. 자격시험용 음성에 대해 앞서 여러 차례 설명했듯이 듣기 연습에는 적합하지 않다.

  3. 원어민이 듣기 위한 속도가 빠르고 표현이 어려운 음성은 듣기 수준이 높아지면 사용해도 되지만, 초·중급자가 들으며 연습하려다가 좌절하는 결과로 이어지기 쉬우므로 추천할 수 없다.

  4. 관심 없는 내용을 다루는 음성은 애초에 들어도 즐겁지 않고, 익숙하지 않은 단어와 표현도 많아지므로 추천하지 않는다. 우선 자신이 관심 있는 분야를 다루는 음성을 듣는 것이 좋겠다.

  5. 최근에는 AI와 영어 회화를 할 수 있는 앱도 나왔다. 시간과 장소도 가리지 않고, 언제든지 영어 회화를 할 수 있다는 점에서는 훌륭하지만, 듣기 공부에는 별로 추천할 수 없다. 고성능이라고는 하지만, 아직도 AI의 억양과 표현에는 실제 영어와 다른 부분이 많다. 따라서 사람의 생생한 음성으로 공부하기를 추천한다.

Column

비즈니스 자리에 나갈 때의 복장

 복장 선택의 포인트

통역 일을 하다 보면, "일로 외국인을 만날 때는 어떤 복장이 적절한가요?"라는 질문을 많이 받는다. 결론부터 말하자면, 정장이 가장 무난하다. 복장 때문에 고민될 때는 정장을 고르면 문제가 해결될 것이다.

단, 상대가 소속된 회사의 분위기에 따라 다를 수 있다는 점도 염두에 두어야 한다. 이것이 세계적으로 봤을 때 일반적인 생각이다.

유명한 예를 들어 보겠다. GAFA라고 불리는 기업(Google, Apple, Facebook(현: META), Amazon) 등에서는 직원들이 대부분 정장을 입지 않는다. 세계적인 관점에서 보면, 현재 분위기가 자유로운 회사가 늘어나고 있다.

반대로 당신이 소속된 회사의 분위기를 기준으로 판단하는 것도 방법이다. 예를 들어, 대기업 종합 건설회사나 무역회사 등에서는 모두 정장을 입는다. 자기 회사에서는 기본적으로 정장을 착용한다면, 정장을 입고 외국인을 만나도 문제가 되지 않는다. 한편, IT 기업 중에서도 사복 차림으로 일하는 곳이 늘어난 것 같다. 만약 당신이 회사에서 사복 차림으로 근무한다면, 사복 차림 그대로 외국인과 만나도 괜찮다. 정장을 입지 않는다고 해서 상대가 한소리 할 일은 거의 없을 것이다.

하지만 가장 조심해야 할 것은 비즈니스 자리에 나갈 때의 복장이 아니다. 오히려 비즈니스 이야기를 마친 후가 더 문제다.

나의 실패담

예를 들면, 일을 마친 후에 외국인과 함께 저녁 식사를 하기로 했다고 하자. 이런 상황에서 의외로 놓치기 쉬운 맹점이 있다. 자기 회사의 분위기에 맞추어 폴로셔츠 차림으로 외국인과 만났다고 하자. 그 차림 그대로 저녁 식사가 예정된 가게에 들어섰다가 드레스 코드에 걸려서 가게 내로 들어가지조차 못하는 일이 생길 수 있다.

나도 무심코 드레스 코드가 있는 가게인 줄 모르고 폴로셔츠 차림으로 갔다가 당황한 경험이 있다. 그때는 가게 측과 협상해서 폴로셔츠 밑단을 바지 안에 넣으면 가게에 들어가게 해 준다고 한 덕에 가슴을 쓸어내렸다.

나와 같은 실수를 하지 않도록 함께 저녁 식사를 할 때는 옷을 갈아입거나, 최소한 셔츠 자락을 바지 안에 넣어도 어색하지 않은 복장을 고르면 좋다. 티셔츠 차림으로 가면 큰일 난다.

회사에서 협상하는 것만이 일이 아니다. 그 후에 하는 저녁 식사 등도 일의 일부라고 생각해서 상대 회사뿐만 아니라 그 후에 방문할 가게 정보도 확인해 두는 것도 중요하다. 그렇다고는 해도 이야기를 나누다 갑자기 저녁 식사 일정이 잡히는 일도 있으니 여벌의 옷도 준비해 두면 좋다.

그리고 의외의 맹점이 바로 신발이다. 신발을 한 켤레만 챙겨 오는 바람에 편안한 복장에 신발만 가죽 구두를 차려 신어 스타일이 이상해진 사람을 해외에서 몇 번이나 봤다. 솔직히 여행 가방에 여분의 신발을 넣으면 부피도 커지고 챙겨 가기도 귀찮지만, 다소 고생스럽더라도 가져가도록 하자.

제 3 장

비즈니스 영어 읽기

읽기에서 중요한 것

 '통 번역'을 하지 않는다

이번 장에서는 비즈니스 영어 읽기에 대해 다룬다.

비즈니스 영어 읽기에서는 **전체 번역을 하지 않는** 것이 가장 중요하다.

한국인 중에는 모든 문장을 시험 문제라도 풀듯이 한 단어도 빼놓지 않고 전체 번역을 하는 사람이 많다. 나는 이것을 '통 번역'이라고 부른다. 비즈니스 영어에서는 모든 것을 번역할 필요가 없다.

중요한 것은 결론을 확실히 파악하는 것이다. 전체를 번역하는 것이 목적이 아니다. 우선은 이러한 점을 확실히 기억해 두자. 계약서는 예외다. 계약서는 전체 번역을 해서 읽어야 하는데, 높은 전문성이 필요한 내용이므로 변호사에게 의뢰하는 편이 안전하다.

 번역 프로그램에 지나치게 의존하지 않는다

최근 번역 프로그램이나 웹 서비스의 번역 기술이 눈부시게 진화했다. 일상 회화 수준이라면, 번역 프로그램만 돌려도 충분하지 않을까. 하지만 '전문용어'를 사용한 문장은 그렇게 할 수 없다.

예를 들면, 일반적으로 treatment는 사람에 대한 '대우', '취급'이라는 의미로 쓰이지만, 의학 분야에서는 '치료'라는 뜻으로 사용된다. 또 미팅에서는 '논법'이라는 뜻으로 쓰인다. 게다가 약품 분야와 관련해서는 '처리'라는 의미로 사용된다.

treatment처럼 전문 분야에 따라 다르게 번역해야 하는 단어가 많은데, 아직 정답을 척척 내놓을 수 있는 정확도를 갖춘 번역 프로그램은 없다. 시대가 조금 더 바뀌면 번역 프로그램이 구분해서 번역해 주는 날이 올지도 모르지만, 현재 상황에서는 아직 멀었다.

이처럼 구분해 번역하는 작업은 인간이 아니면 할 수 없다. 번역 프로그램을 사용했다가 이상하게 해석해서 나중에 문제가 되기도 하므로 주의해야 한다.

 글 속에 담긴 '결론'을 중시한다

글이란 반드시 '상대방에게 무언가를 전달하려고 하는 것'이다. 그 기본을 잊어서는 안 된다. 글을 읽는 때는 '상대에게 무언가를 전하려고 하는 것' = '결론'을 찾는 것이 매우 중요하다. 항상 어디가 결론인지를 의식하면서 읽어야 한다. 대개는 어느 한 문장에 쓰여 있다.

토씨 하나 빼놓지 않고 전체 번역하는 '통 번역'을 하면, 아무래도 글 전체를 고르게 읽게 되면서 무엇이 결론인지, 어디가 중요한지 알 수 없게 된다.

이번 장에서는 실제 글을 보면서 비즈니스 영어 읽기에서 무엇이 중요한지 확인해 보도록 하자.

| 제 3 장 | 비즈니스 영어 읽기 | 비즈니스 서류 |

영문 비즈니스 서류의 종류

 영문 비즈니스 서류는 다양하다

비즈니스에서 사용하는 영문 서류는 다음과 같이 다양하고도 많다.

> 명함, 커버 레터, 이력서, 추천장, 채용통지서, 웰컴 레터, 표창장, 감사장, 사과문, 불만 사항 통지, 세일즈 레터, 의뢰서, 위임장, 기획서, 연설 원고, 프레젠테이션 원고, 사내 문서, 퇴직서, 해고 통보 등

명함도 훌륭한 영문 비즈니스 서류다. 특히 직함은 중요한 정보이므로 틀리지 않도록 하자. 커버 레터란 이력서와 함께 첨부하는 자기 PR 문서를 말한다. 요컨대 자신을 홍보하기 위한 서류다.

웰컴 레터는 한국에서는 그다지 친숙하지 않지만, 새로 입사하는 직원에게 보내는 편지다.

세일즈 레터란 신제품을 소개할 때 작성하는 서류다. 전단이나 광고와 비슷하지만, 신제품에 관한 상세 사항 등을 적기도 하므로 서류로 분류된다.

위임장은 power of attorney라고 한다. 이것은 '사장이나 부장 등이 가진 권한을 현장에 나가는 부하에게 부여합니다'라는 내용이 적힌 서류다. 일본에서도 회의 등에서 자주 사용한다.

사내 문서는 'O일까지 □□를 마무리해 주세요'와 같이 주로 직원을 대상으로 작성된 서류

를 말한다.

비즈니스 영어에서는 이러한 글들을 읽을 기회가 많은 편이다. 물론 소속된 부서에 따라 편중된다.

평소 영어 실력으로 충분히 읽을 수 있는 글들이므로 크게 걱정할 필요는 없다.

 서류 중에는 이메일이 많다

예전에는 종이로 된 서류가 많았는데, 지금은 이메일 등을 이용해 데이터로 서류를 보내는 일이 늘었다.

다만, 여전히 커버 레터, 이력서, 추천장은 대부분 종이로 주고받는다.

감사장과 사과문도 상대방에게 성의를 전하는 의미에서 종이로 주고받는 경우가 많다. 위임장은 거의 종이로 작성한다. 상사에게 사인을 받아야 하기 때문이다.

 세계적으로 보면 페이스북으로 주고받는 일이 많다

최근에는 이메일을 대신해서 페이스북 메신저를 사용하는 일이 많아졌다. 메신저를 이용해 그룹을 만들고 한 번만 글을 올리면, 그룹에 속한 전원에게 서류를 공유할 수 있어 편리하다. 물론 이메일로도 일제히 보낼 수는 있지만, 페이스북 메신저에는 그에 더해 읽음 표시 기능도 탑재되어 있다.

일본에서는 라인(LINE)이 주류인데, 일본인과 일부 아시아인 정도만 사용하는 앱이므로 세계 표준은 아니다. 한국도 마찬가지로 카카오톡(Kakao Talk)이 주류를 이루지만, 이 또한 세계 표준은 아니다.

| 제 3 장 | 비즈니스 영어 읽기 | 읽기의 포인트 ①

영문 이메일 읽는 법

 이메일에서 간과해서는 안 되는 네 가지 포인트

다음은 이메일을 읽을 때 유의해야 할 네 가지 포인트다.

포인트 1.	보내는 사람
포인트 2.	받는 사람
포인트 3.	결론
포인트 4.	기한

오른쪽 페이지에 이메일 보기 글을 준비했다.

'결론'과 '기한'이 판명되면, 그 부분을 사내에서 공유하면 된다. 이메일 어딘가에 반드시 '결론'은 있지만, '기한'은 없을 수도 있다.

해외에서 보내는 메일은 대부분 예문처럼 비교적 짧고 읽기 쉽다. 우리처럼 빙 둘러 말하는 표현도 없어서 결론 부분을 찾기 쉬울 것이다.

자, 그러면 바로 예문을 보면서 확인해 보도록 하자.

그림 3-1 이메일을 읽을 때 유의해야 할 포인트는 네 가지

받는 사람: m.kim@abcco-op.co.kr

Cc:

제목: About Maintenance

서명: 없음

Dear Mr. Kim ── (포인트 ②) 받는 사람

Thank you for sending us your new product details.
We would like to have some discussion about the maintenance after purchase.
If possible, we'd like to have the meeting next week. ── (포인트 ③) 결론
So please reply by this Friday. ── (포인트 ④) 기한
Thank you very much.

Best regards,

Brian Smith ── (포인트 ①) 보내는 사람

Fisher's Marts Corporation
Public Relations: Brian Smith

e-mail: brian-smith@xyz.com

Green house # 628
43 Apple Street, North Fields, NY
08072 USA

번역

김 씨에게

귀사의 신제품에 관해 상세한 내용을 보내주셔서 감사합니다.

구매 후의 유지 보수에 관해 이야기하고 싶습니다.

혹시 가능하다면 다음 주에 미팅을 하고 싶은데요.

이번 주 금요일까지 회신을 받을 수 있을까요.

감사합니다.

잘 부탁드립니다.

브라이언 스미스

 보내는 사람

Best Regards, 아래에 적혀 있는 이름이 보내는 사람이다. 위의 예문에서는 Brian Smith 씨가 보냈음을 알 수 있다.

'그 정도는 당연히 잘 알지!'라고 생각할 수도 있지만, 받는 사람 부분만 휙 보고서는 '아, ○○ 씨가 보냈구나'라고 생각했다가 실은 다른 사람이 보낸 메일이었음을 나중에야 알아차리는 실수를 많이들 한다. 착각한 채 다른 사람에게 답장해 버리면 큰일이다. 내용에 따라서는 정보 누설로 이어질 위험도 있으므로, 근거 없는 확신으로 착각하지 않도록 꼼꼼히 확인하자.

다시 한번 확인하는 의미에서 오른쪽 아래에 있는 서명 부분도 확인한다. 그러면 Fisher's Marts Corporation의 Public Relations(PR과)에 소속된 Brian Smith 씨임을 확인할 수 있다.

받는 사람

그다음에 '누구에게 보낸 것인가'를 확인한다. 바로 본문의 첫째 줄에 쓰인 Dear Mr. Kim이다. 이로써 '김 씨 앞으로 보냈다는 사실을 알 수 있다.

다만, 김 씨는 한국에서는 흔한 성씨이므로, 사내에 성이 같은 직원이 여럿 있을 수도 있다. 기본적으로 Dear 뒤에는 성만 쓰므로, 추가로 맨 위에 적힌 이메일 주소도 확인한다.

이메일 주소는 대부분 개인에게 부여되므로 여기서 다시 한번 확인한다.

결론

다음으로 이 글의 결론을 확인한다. 예문에서는 If possible, we'd like to have the meeting next week. (만약 가능하다면 다음 주에 미팅을 하고 싶은데요.) 부분이 결론에 해당한다. 덧붙여 원어민은 'would like to ~ (~ 하고 싶은데요)' 외에 'would like+<명사>' (<명사>를 원하는데요)라는 표현도 자주 사용한다. 따라서 이 예문에서도 If possible, we'd like the meeting next week.라고 표현할 수도 있다.

기한

마지막으로 기한을 확인한다. 예문에서는 So please reply by this Friday. (이번 주 금요일까지 회신해 주세요.) 부분에서 확인할 수 있다.

단, 기한이 없는 글도 있으므로 임기응변으로 대응하도록 하자.

| 제3장 | 비즈니스 영어 읽기   읽기의 포인트 ②

전체를 읽지 않고 '중요한 정보'를 찾는다

영문 서류를 읽을 때의 포인트

비즈니스에서 오가는 서류 내용을 나중에 제삼자에게 전달하는 일이 종종 있다. 이때 제삼자는 전체가 아닌 '중요한 정보'만 알고 싶을 뿐이다. '중요한 정보'란 대부분의 경우 '추후 예정'을 말한다. 비즈니스에서 오가는 서류에서 중요한 내용은 '추후 예정'에 집약된다.

예를 들면, 자사 제품의 구매 여부에 관해 작성된 글이 있다고 하자. 상대가 구매한다면 다음 절차를 밟아야 하고, 사지 않는다고 해도 연락을 끊지 않고 이유를 묻거나 후속 관리를 하는 경우도 흔하다. 구매하든 안 하든 간에 반드시 다음 행동을 취해야 한다.

제삼자에게 전체를 번역해 전달하면, '중요한 정보'가 무엇인지 알기 어려울뿐더러 서류를 전부 다시 읽고 중요한 정보를 해석해야 한다. 헛된 시간과 노력이 들 뿐 비효율적이다. 비즈니스에서는 효율성이 중요하므로 영문 서류를 읽을 때도 정보 공유를 전제로 읽어야 한다.

여기서 영문 서류를 효율적으로 읽기 위한 포인트를 소개하겠다.

오른쪽 페이지의 문장을 한번 읽어 보자.

중요한 정보 검색

첫 번째로 할 것은 '중요한 정보' 검색이다.

다소 과감하게 말하자면, 중요한 정보는 '아래에서 두 번째 문단'에 쓰여 있는 경우가 많다.

> **그림 3-2** 첫머리부터 읽지 않고 결론을 찾는다

Dear Ms. Shin:

Our team at Arena Corporation has recently developed a workflow solution system to the challenge we discussed earlier last week with your marketing team. We believe this solution system has the potential to enhance the efficiency and productivity of your operations at Shin Technology Development.
This solution system consists of a tool that uses the help of artificial intelligence (AI) to cater to the needs of your marketing team to produce content and tailor it to the different clients your company is targeting.

> Given the positive experience we have had so far in previous collaborations, I thought this tool would be of interest to you. I would appreciate the opportunity to show you this solution system if we could meet up with your team as well. Let me know when would be a good time to connect, and we will set up a meeting.

I believe this tool could bring a substantial improvement to your workflow and operations.

↑ 아래에서 두 번째 문단에 중요한 정보가 쓰여 있는 경우가 많다!

번역

신 씨에게

당사 아레나 코퍼레이션 팀에서 지난주 초에 귀사의 마케팅팀과 협의한 과제에 대한 워크플로 솔루션 시스템을 최근에 개발했습니다. 이 솔루션 시스템이 귀사의 신 테크놀로지 디벨롭먼트 업무의 효율과 생산성을 향상시킬 수 있다고 생각합니다.
이 솔루션 시스템은 인공지능(AI)을 활용해 귀사 마케팅팀의 요구에 부응해 콘텐츠를 제작하고 귀사의 타깃이 다양한 고객에 따라 맞춤 설정하는 도구로 구성되어 있습니다.

> 지금까지 협업을 통해 좋은 경험을 쌓아 왔으므로, 귀사에서 보기에도 이 도구가 아주 흥미로우리라 생각합니다. 귀사의 담당팀과 만나 뵙고 이 솔루션 시스템을 보여드릴 기회를 주시면 감사하겠습니다. 편한 시간을 알려주시면 미팅을 잡도록 하겠습니다.

우리는 이 도구가 귀사의 워크플로와 업무를 크게 개선할 수 있으리라고 믿습니다.

그 이유는 마지막 문단에는 기본적으로 상대방을 배려하는 문구가 들어가기 때문에, 실질적으로 마지막에서 두 번째 문단이 마지막 문단인 셈이기 때문이다. 문단이 두 개밖에 없는 짧은 글일 경우에는 첫 번째 문단에 쓰여 있기도 하다.

 1인칭과 2인칭이 사용된 부분은 중요하다!

다음으로 글에서 1인칭(I, We)이나 2인칭(You)이 사용된 부분을 확인한다.

당연히 글 전체적으로 1인칭이나 2인칭이 사용되었지만, 특히 많이 사용되는 곳은 역시 아래에서 두 번째 문단이다.

다음 글을 살펴보자.

> **I** would appreciate the opportunity to show **you** this solution system if **we** could meet up with **your** team as well. Let **me** know when would be a good time to connect, and **we** will set up a meeting.
> (이 솔루션 시스템을 소개하기 위해 귀사의 담당팀 분들과 직접 만나 뵐 수 있으면 좋겠습니다. 편한 시간을 알려주시면 미팅을 잡도록 하겠습니다.)

이 문단에만 1인칭과 2인칭이 여섯 군데 들어갔다.

'나는 ○○이고, 당신에게 □□를 전하고 싶다'라는 흐름에 따라 상대방의 주장과 요구가 쓰여 있다는 말이다. 따라서 1인칭이나 2인칭이 많이 사용된 부분에는 확실히 다음 행동으로 이어지는 내용이 포함되어 있다. 반대로 그 외의 부분은 대부분 상황에 대한 설명이라고 할 수 있다.

영문 서류를 사내에서 공유하는 방법

영문 서류를 읽은 다음에는 '사내 공유'를 할 차례다.

앞서 이야기했듯이 '중요한 정보'를 골라 단적으로 공유한다. 하지만 그중에는 '전체 번역을 넘기도록' 지시하는 회사도 있을 것이다. 그러할 때는 중요한 정보 부분의 글자 색을 바꾸거나 형광펜으로 표시하면 좋다. 그렇게 하면 전체 번역에서도 중요한 정보를 한눈에 볼 수 있다.

 ## '중요한 정보'가 쓰여 있는 절대적인 위치란 없다

앞서 '끝에서 두 번째 문단'에 중요한 정보가 쓰여 있는 경우가 많다고 했지만, 물론 절대적인 것은 아니다. 그중에는 첫 번째 문단에 느닷없이 중요한 정보가 쓰여 있기도 하다. 이것은 쓰는 사람의 습관 문제다. 내 경험상 미국인 비즈니스 관계자들에게 이런 경향이 많이 보인다.

첫 번째 문단에 결론이 쓰여 있는 경우에는 대부분 첫 번째 문단이 한두 줄밖에 되지 않는다. 첫 번째 문단이 짧을 때는 주의하자.

제 3 장 | 비즈니스 영어 읽기 　　　　　　　　　　　| 읽기의 포인트 ③

읽기 공부법 <해석편>

 영문 서류를 효율적으로 해석하는 법

여기서는 영문 서류의 내용을 '효율적'으로 파악하는 방법을 소개하겠다.

다음 글을 한번 보자. 앞서 등장한 김 씨와 스미스 씨의 회신 메일이라는 설정이다.

Thank you for your time to have discussion about our new project on 7th July.
I understood your thought and found the consensus.
However, we are supposed to work out the differences between us.
Therefore, we would like to have another meeting as soon as possible.
If you have some time for the meeting next week, please let me know your convenience.

번역
7월 7일에 새로운 프로젝트에 대해 논의할 기회를 마련해 주셔서 감사합니다.
저희는 당신의 생각을 이해하고 공통적인 인식도 찾을 수 있었습니다.
하지만 우리는 서로의 인식 차이를 조정할 필요가 있습니다.
그래서 최대한 빨리 다시 한번 미팅을 하고 싶습니다.
다음 주에 미팅할 시간을 내주실 수 있다면 일정을 알려주시길 바랍니다.

'통 읽기'를 하지 않는다

비즈니스에서 영문 서류를 읽을 때는 한 문장씩 전부 읽으려고 들지 않는다. 효율이 나쁠 뿐만 아니라, 글에서 어느 부분이 중요한지 알 수 없게 된다.

요약(서머리)을 의식한다

이 글에서 요약 부분(서머리)이란 바꾸어 말하면, 스미스 씨가 '가장 말하고 싶은 부분'이다.

사실 이 글에는 요약을 보여 주는 키워드가 숨어 있다. 발견했을까? 바로 Therefore(그러므로, 즉)다. 이 단어 뒤에는 주장이나 하고 싶은 말이 온다. 따라서 이 문서를 요약하자면, '최대한 빨리 다시 한번 미팅을 하고 싶다'고 할 수 있다.

주변에는 '요점'만 전달한다

이 글의 요점은 '인식 차이를 조정하고 싶으니 다시 한번 미팅을 하고 싶다. 다음 주 일정을 알려주길 바란다'라는 말이다. 이를 사내에서 공유하면, 효율적으로 다음 행동으로 넘어갈 수 있다. 비즈니스 영어 읽기를 통해 해석할 때는 그냥 읽지 않고 요점을 정리하는 것이 무엇보다 중요하다.

Column

외국인과 신뢰 관계를 쌓기 위해

 비즈니스 영어에서 필요한 '인권 의식'이란?

외국인과 신뢰 관계를 구축하는 데 필요한 것 중 하나로 '인권 의식'이 있다.

여기서는 인권 의식을 갖고 국제적인 비즈니스를 하는 데 중요한 세 가지를 알려주겠다.

 1. 국적·인종·빈부·신체로 차별하지 않는다

첫 번째는 '국가·인종·빈부·신체로 차별하지 않는다'다. 여기서 말하는 '신체'는 남녀 성별도 해당한다. 지금은 LGBTQ와 같은 성 소수자도 있으며, 드디어 최근에 인지되기 시작했다. 다만 아직도 뿌리 깊은 차별이 남아 있는 것도 사실이다. 남존여비라는 자세와 말 모두 시대착오적이다.

그리고 GDP 순위 차이에 따라 그 사람이 위인지 아래인지 구분하는 사람도 있다. 완전히 잘못된 생각이다.

자본주의 사회에서는 아무래도 빈부 격차가 생기게 되지만, 돈을 가졌다고 해서 그 사람이 무조건 잘난 것은 아니다. 신체가 불편한 사람에 대해서도 마찬가지다. 몸이 불편한 사람에게 실제로 "너는 그런 것도 못해?"라고 말하는 사람이 있는데, 당연히 논할 가치도 없다. 나도 통역 현장에서 "무슨 소리 하시는 거예요?" 하고 화를 낸 적도 있다.

독자 여러분은 당연히 이러한 것들을 이해하리라고 생각하지만, 우리가 사는 곳뿐만이 아니라 세계에는 아직도 잘못된 생각을 하는 사람이 많다. 절대로 상대방을 불쾌하게 하거나, 불행하게 만드는 일을 해서는 안 되며, 상대방을 최대한 배려하는 마음을 가져야 한다.

2. 자타 모두 사회적 지위에 휩쓸리지 않는다

쉽게 말해서 이것도 갑질 중 하나인데, 기업이나 단체, 학교 등에서 지위가 높아지면 바로 잘난 척을 하는 사람들이 있다. 누구에게나 생각나는 사람이 주변에 있을 정도로 흔한 이야기지만, 이런 사람들은 애초에 그 지위가 적절하지 않을뿐더러 국제사회에서는 완전히 불필요한 인재로 판단된다.

선진국의 대기업에서 통역 일을 하다 보면 정말 깊이 실감하는데, 이직률이 낮고 만족도가 높은 기업일수록 경영자와 관리직 사람들은 이러한 사회적 지위에 안주하지 않는다. 업무상의 흐름을 원활하게 만들기 위해 위아래로 흐름을 만들 뿐, 직급이 높아서 잘났다는 생각은 하지 않는다.

저도 모르게 지위가 높아지면 잘난 척하는 태도를 보이는 사람이 있는데, 완전히 잘못된 생각임을 인식해야 한다.

반대로 우리도 조심해야 할 점이 있다. 상대방 명함에 'CEO'라고 적혀 있으면 '아, 이 사람은 대단한 사람이구나!' 하고 생각하게 된다. 한편, 다른 한 사람의 명함에는 'Division Manager(부장·과장 등)'라고 적혀 있다고 해보자. 그러면 CEO 직함을 가진 사람하고만 이야기하고, Division Manager와는 별로 이야기를 하지 않으며 차이를 두는 사람이 있다. 그러나 실제로 거래 실무를 담당하는 것은 Division Manager인 사람들이 대부분이고, CEO인 사람들이 직접 실무를 담당하는 경우는 별로 없다. 그런데도 CEO와만 이야기를 나누다 보면, 추후 절차나 논의가 잘 풀리지 않게 된다. 이 또한 사회적 지위로 사람을 판단하는 나쁜 예다. 의외로 많은 사람이 저지르기 쉬운 일이므로 충분히 주의하도록 하자.

3. 많은 '잣대'를 가져야 한다

다소 추상적인 이야기지만, '잣대'라는 것은 '모두가 평등하다'라는 인권 의식이자 사고방식이다.

예를 들면, '이 인종인 사람은 이런 고생을 해 왔다'는 역사적 배경을 알면, '이 사람에게 이렇게 말하면 안 된다', 반대로 '이 사람에게는 이런 식으로 말하는 것이 좋겠다'라는 생각을 할 수 있게 된다.

덧붙여 원주민(식민지가 되기 전부터 살던 원어민들)에게는 "당신은 특히 이곳의 기후에 대해 잘 아시죠? 이것저것 가르쳐 주시겠어요?" 이와 같이 말하면 대화가 활기를 띤다.

즉, '잣대'란 다양한 사람과 이야기하는 접근법과 화제를 많이 준비해 둔다는 말이다. 어떤 질문을 해야 상대방을 기분 좋게 할까, 대화 분위기를 띄울 수 있을까, 상대를 웃게 만들까를 생각하는 것이 매우 중요하다.

나도 인도인을 상대로 통역할 때 "인도는 옛날부터 차가 유명하죠? 지금은 어떤 차를 생산하나요? 어떤 게 맛있나요? 다음에 꼭 마셔보고 싶어요!" 하고 차를 화젯거리로 꺼낸다. 그러면 상대방은 '아, 이 사람은 나를 제대로 인정해 주니 많은 것을 가르쳐 주고 싶어졌어'라고 나를 생각해 주기도 한다.

좋은 의사소통을 하는 데는 '서로가 평등하다'는 가장 큰 원칙이 필요하다. 따라서 외모나 직함에 좌우되지 않고 여러 나라 사람들과 의사소통할 수 있는 이야깃거리를 가지고 있어야 한다.

이미 아는 것도 일부러 물어보면 그 또한 이야깃거리가 된다. 잘 모르는 척하며 상대에게 물어보는 것도 기분 좋게 의사소통하기 위한 기술 중 하나라고 할 수 있다.

제 4 장

비즈니스 영어 쓰기

| 제4장 | 비즈니스 영어 쓰기 | 쓰기의 중요성 |

쓰기에서 중요한 것

 비즈니스 서류의 기본은 '명함', '이메일', '레터'

비즈니스 서류의 기본은 '명함', '이메일', '레터' 이렇게 세 가지다. 자, 먼저 이 세 가지를 잘 쓸 수 있도록 하자.

영문 비즈니스 서류의 템플릿은 이용하면 편리하지만, 쓰기 실력을 기르기 위해서라도 너무 의존하지 않도록 하자.

 이메일 빈도가 가장 높다

명함, 이메일, 레터 중에서 가장 많이 작성하는 것은 역시 이메일이다. 이메일 작성법은 뒤에 자세히 설명하겠지만, 그다지 어렵게 생각할 필요는 없다. 관습적인 표현을 알아 두면 괜찮다.

앞서 말했듯이 이메일 외에 최근에는 SNS를 이용한 교류도 늘고 있다. 비즈니스 분야에서는 페이스북 메신저를 사용하는 일이 많다. 라인처럼 읽음 표시 기능도 있고, 그룹을 만들어 같은 서류를 한 번에 여러 명과 공유할 수 있다. 일본에서는 라인이 주류이지만, 해외 비즈니스에서는 페이스북을 이용하는 곳이 압도적으로 많다.

아직 우편으로 보내는 '레터'도 중요하게 여긴다

이메일이나 SNS로 연락을 주고받으면 전 세계 어디서나 한순간에 서류뿐만 아니라 이미지나 동영상, 파일도 보낼 수 있어 매우 편리하다.

그러나 그렇게 인터넷이 발달한 지금도 여전히 우편으로 보내는 '레터'를 중요하게 여긴다. 이메일이나 SNS로는 다 전해지지 않는 '배려'하는 마음도 함께 전할 수 있다는 것이 레터의 좋은 점이라고 생각한다.

비즈니스 레터는 청구서나 카탈로그 등과 함께 한마디를 곁들인 것을 말한다. 청구서나 카탈로그만 덜렁 우편으로 보내는 일은 없다. 우리도 청구서를 보내면서 '항상 신세 지고 있습니다. ○월분 청구서를 보내 드립니다. 궁금한 점이 있으시면 편히 연락 주세요. 앞으로도 잘 부탁드립니다'라고 쓰지 않는가. 그 영어판이라고 생각하면 된다.

영문 비즈니스 레터 작성법도 뒤에 자세히 다루겠다.

영문 명함 만드는 법

 명함의 기본

먼저 명함에 관한 기본적인 사항들을 확인해 두자. 명함 형태가 세로나 가로로 길어야 한다는 규정 같은 것은 없다.

그리고 어떤 내용이 들어가야 한다는 규칙도 없다. 174쪽에 명함 보기를 준비했다. 이것이 가장 정통적인 형태라고 생각하면 된다. 그 밖에 회사 로고나 자사 웹사이트의 URL을 넣어도 좋다. 요즘은 이차원 코드가 기재된 명함을 종종 본다. 물론 배색 등을 자유롭게 정해도 상관없다. 명함은 회사의 이미지를 나타내는 도구 중 하나이므로 창의적인 아이디어를 내 보자.

 '주식회사' 표기

의외로 '주식회사' 표기 방법에 대해 고민한다. 주식회사는 Company Limited라고 표기한다. Company만 있으면 '회사'라는 의미지만 Limited가 붙어 '책임이 유한한 회사 = 주식회사'임을 나타낸다.

다만 회사명을 표기할 때는 대부분 Company Limited를 생략해 쓴다. 주식회사의 정식 생략형은 Co., Ltd.이다. Co 뒤에는 '마침표+쉼표+한 칸 띄기'를 하고 Ltd 뒤에도 '마침표'를 붙인다. 가끔 Co., Ltd. 사이에 공백이 들어가지 않은 명함을 보게 되는데 잘못된 표기법이다.

Co., Ltd.가 정식 표기지만, 최근에는 쉼표를 생략하고 Co. Ltd.라고 표기하는 경우도 많아졌다. 쉼표는 생략해도 문제없다.

  미국이나 영국 등에서는 쉼표를 넣는 기업이 적지만, 일본에서는 일반적으로 쉼표를 넣는다. 실제로 많은 기업에서 Co., Ltd. 표기를 사용하므로, 쉼표를 넣어 일본 기업이라는 인상을 줄 수 있을지도 모른다.

  또 다른 주식회사 표기 방법은 Corporation이라는 단어를 생략해 Corp.라고 표기한다. 단, Cooperation(협력, 협동조합)과 헷갈리지 않도록 하자.

  더불어 회사에 정해진 영문명이 있을 때는 그 이름을 사용하면 된다.

'직급명·부서명' 표기

175쪽에 직책명과 부서명 목록을 준비했으니 참고하길 바란다. 그러나 해외에는 한국이나 일본처럼 직함 표기 방법이 정해져 있는 나라가 별로 없다. 사장은 CEO나 President가 일반적이지만, 작은 회사에서는 사장을 Manager라고 표기하기도 한다. 그래서 What do you do in your company? (어떤 일을 하시나요?)라고 묻지 않으면 알 수 없는 실정이다. 명함에 적힌 직함만 보고 판단하기에는 위험할 수 있으니 주의하자.

'이름' 표기

이름 쓰는 방법을 두고 고민하는 사람도 많을 것 같다. 옛날에는 '이름 ➡ 성' 순서로 썼지만, 최근에는 한국어와 똑같이 '성 ➡ 이름' 순서로 표기하는 일도 많아졌다.

  어떻게 쓰는 게 맞을까? 사실 '어느 순서로 써도 괜찮다'. 실제 비즈니스 현장에서는 상관없다. 내 원어민 친구에게 어느 순서로 쓰는 편이 좋은지 물었더니 "어떤 식으로 쓰든 결국 어느 게 성이고 어느 게 이름인지는 알 수 없어"라고 답했다. 확실히 우리 문화를 알지 못하는 한, 어느 쪽이 성인지 판단하기는 어렵다. 해외에서도 Adams(애덤스) 씨는 성이 Adams인 사람도 있고, 이름이 Adams인 사람도 있다.

　이름을 계기로 대화의 물꼬를 트는 사람도 있지만, 나는 성 밑에 (Family), 이름 밑에 (First)라고 적어 주는 방법을 추천하고 싶다. 물론 표준적인 작성법은 아니지만, 이렇게 하면 한눈에 어느 쪽이 성인지 바로 알 수 있다. 원어민 친구도 "그 아이디어 좋네!"라고 말했으니 참고하길 바란다. 참고로 내 명함에도 이름 밑에 Family, First가 적혀 있다.

'주소' 표기

주소는 '번지'+'도로명'+'구'+'시'+'우편번호'+'KOREA' 순서로 쓰는 경우가 많다. 아파트나 오피스텔 등에 산다면 번지 앞에 '호수'+'아파트, 오피스텔 이름'을 넣는다. 명함 보기에는 KOREA 앞에 쉼표가 들어가 있는데, 이것은 있어도 되고 없어도 된다. 쉼표가 있으면 '한국'이 눈에 조금 더 쉽게 들어온다는 정도의 의미밖에 없다.

　명함 보기에 적힌 주소를 영어 표기 순서에 따라 한국어로 적으면, '271'+'공항로'+'중구'+'인천광역시'+'12345'+'KOREA'가 되겠다.

　한국에서는 ⓤ, 일본에서는 〒기호로 우편번호를 나타내기도 하는데, 이는 한국과 일본만의 독자적인 표기법이므로 쓰지 않아도 된다. 써도 문제 될 것은 없지만, 외국인들은 무슨 기호인지 전혀 알 수 없다.

　최근에는 한국 주소 표기 순서대로 로마자로만 바꾸어 쓰는 경우도 있다. 비율로 따지면 20% 정도지만, 그렇게 해도 문제는 없다. 단, 한국 주소 표기 순서로 적을 때도 KOREA는 잊지 말고 넣도록 하자. 서양식과 한국식을 모두 써보자면, 이런 식으로 쓸 수 있다.

서양식

271 Gonghang-ro Jung-gu Incheon-shi 12345, KOREA

한국식

☞ 12345 Incheon-shi Jung-gu Gohnhang-ro 271, KOREA

주소에 관해서는 뒤에 '영문 비즈니스 레터 작성법' 항목에서 다시 한번 자세히 다루겠다.

'전화번호' 표기

전화번호에 관해서는 규칙이 있다. 먼저 한국 국가번호 82 앞에 '+'를 붙여서 '+82'라고 쓴다. 다음으로 전화번호에서 첫 번째 '0'을 뺀 번호를 적는다. 명함 보기에서는 인천의 지역번호 '032'에서 처음에 오는 '0'을 뺐다. 휴대전화 역시 '010'에서 처음에 오는 '0'을 뺀다.

명함에는 유선전화만 써도 되고, 명함 보기처럼 휴대전화 번호를 함께 적어도 된다.

'메일 주소' 표기

명함에는 그 밖에 메일 주소를 쓰는 것이 일반적이다. 최근에는 X나 인스타그램 등 SNS 주소를 쓰는 사람도 있는데, 업무상 사용한다면 넣어도 상관없다. 비즈니스에서도 페이스북을 자주 사용하므로 페이스북 계정을 넣어도 된다.

그림 4-1 명함 보기

바다새 주식회사

영업추진부

주임 **이지우**

⦶ 12345 인천광역시 중구 공항로 271
TEL : 032-123-4567
휴대전화 : 010-1234-5678
MAIL : j-lee@badasae.abcd.ne.kr

BADASAE Co., Ltd.

Sales Promotion Department

Chief **Lee Jiwoo**
　　　(Family)　　(First)

271 Gonghang-ro Jung-gu Incheon-shi
12345, KOREA
Phone : +82-32-123-4567
M.Phone : +82-10-1234-5678
MAIL : j-lee@badasae.abcd.ne.kr

그림 4-2 직책명 목록

1	CEO (Chief Executive Officer)	최고 경영 책임자
2	COO (Chief Operating Officer)	최고 운영 책임자
3	CAO (Chief Administrative Officer)	최고 총무 책임자
4	CFO (Chief Financial Officer)	최고 재무 책임자
5	CLO (Chief Legal Officer)	최고 법무 책임자
6	CIO (Chief Information Officer)	최고 정보 책임자
7	CTO (Chief Technology Officer)	최고 기술 책임자
8	CAO (Chief Accounting Officer)	최고 회계 책임자
9	CMO (Chief Marketing Officer)	최고 마케팅 책임자
10	President	대표이사 사장
11	Representative Director	대표이사
12	Executive Director / Senior Managing Director	전무이사 · 전무
13	Managing Director	상무이사
14	Chairperson	이사 회장 · 회장
15	Vice Chairperson	이사 부회장 · 부회장
16	President / Managing Director	사장
17	Vice President / Executive Vice President	부사장
18	Director	이사 · 중역 · 임원
19	Outside Director	사외이사
20	Corporate Officer	집행임원
21	Advisor / Adviser	고문
22	Branch Manager / General Manager / Distinct Manager	지점장
23	General Manager	부장
24	Section Manager / Section Chief	과장
25	Assistant Manager / Section Manager / Section Chief	대리

그림 4-3　부서명 목록

※ 일본어 / 한국어의 '~부'는 Department나 Division, '~과'는 Section, '~실'은 Office를 사용한다.

1	Office of the President	사장실
2	Secretarial Office (Secretariat)	비서실
3	General Affairs Department / Administration Department	총무부
4	Human Resources Division / Personnel Affairs Department	인사부
5	Human Resources Development Department	인재개발부
6	Labor Relations Department	노무부
7	Legal Department / Office of Legal Affairs	법무부
8	Accounting Department / Accounting Division	경리부
9	Finance Department / Financial Affairs Division	재무부
10	Properties Administration Department	재산관리부
11	Administration Department	관리부
12	Audit Department	감사부
13	Patent Department	특허부
14	Consulting Operations Department	경영기획부
15	Marketing Department	마케팅부
16	Publicity Department	선전부
17	Public Relations Department	홍보부
18	Promotion Division	판매촉진부
19	Sales Administration Department	판매관리부
20	Product Administration Department	상품관리부
21	Production Control Department	생산관리부
22	Research Department / Information & Research Division	조사부

23	Sales Administration Department	업무부
24	Sales Department / Business Department	영업부
25	Domestic Sales Department	국내영업부
26	Overseas[International] Sales Department	해외영업부
27	Overseas Operations Department	해외사업부
28	Overseas Business Development Department	해외사업개발부
29	Customer Service Department	고객서비스부
30	Quality Control Department	품질관리부
31	Sales[Business] Promotion Department	영업추진부
32	Purchasing Department	구매부·매입부
33	Logistics Department	유통부
34	Development Department	개발부
35	Engineering Department	기술부
36	Technical Development Department	기술개발부
37	Manufacturing Division Production Department	제조부·생산부
38	Production Engineering Department	생산기술부
39	Material Department / Supplies Division	자재부
40	Procurement Division	자재조달부
41	Export Department	수출부
42	Product Development Department	상품개발부
43	Planning Department	기획부·기획실
44	Product Planning Department	상품기획부
45	Project Planning & Development Department	기획개발부
46	Research & Development Department	연구개발부
47	Research Department / Research Office	연구실

제4장 | 비즈니스 영어 쓰기   이메일 작성법

영문 이메일 작성법

 영문 이메일의 기본 요소

영문 이메일은 오른쪽 그림과 같이 '메일 주소', '제목', '받는 사람', '본문', '첨부문', '끝인사', '서명'의 일곱 가지 항목으로 이루어진다. 차례대로 자세히 설명하겠다.

　첫째로, 상대의 메일 주소를 입력할 때, 메일 주소에 오타가 나지 않도록 주의하자. 잘못 전송해서 메일이 돌아온 줄도 모르고 내버려두었다가 나중에 문제가 되는 경우가 의외로 많다. 보내기 버튼을 누르지 않아 임시 저장만 되었을 뿐 실제로는 보내지 않는 실수도 자주 저지른다. 이런 일을 방지하려면, '보낸 메일함'에 보낸 메일이 들어 있는지 확인하고, 메일이 다시 돌아오지 않았는지도 확인하자. 간혹 반송된 메일이 스팸 메일함에 들어가 있기도 하므로 함께 확인해야 한다. 아주 기본적인 일이지만, 실수가 생길 수도 있다는 생각으로 확인하도록 하자.

 '제목' 쓰는 법

제목에는 문장을 길게 쓰지 않도록 한다. '간결하게! 명확하게!'가 기본이다. 오른쪽 페이지의 이메일 보기를 보자. Meeting schedule confirmation(미팅 일정 확인)과 같이 제목 마지막이 명사로 끝나도록 쓰는 방법이 가장 좋다. 그리고 첫 글자는 대문자로 쓴다.

그림 4-4 영문 이메일을 구성하는 일곱 가지 항목

받는 사람: thomas-willett@pcbot.com ← ① 메일 주소

Cc:

제목: Meeting schedule confirmation ← ② 제목

서명: 없음

Dear Thomas, ← ③ 받는 사람

I sent you a mail about our next meeting yesterday.
But I haven't received your reply.
I'd like to know if you can join the meeting or not.
← ④ 본문

Please let me know at your convenience. ← ⑤ 첨부문

Regards, ← ⑥ 끝인사
Lee Jiwoo

Lee Jiwoo
BADASAE Co., Ltd. ← ⑦ 서명
j-lee@badasae.abcd.ne.kr

'받는 사람' 작성법

기본적으로는 'Dear ○○'라고 표기하면 문제없다. 이메일 보기에서는 Dear Thomas, 하고 마지막에 쉼표가 붙어 있다. 이것은 영국식 표기법이다. 미국식 표기법에서는 쉼표를 찍지 않는다. 쉼표는 찍어도 안 찍어도 상관없다. 참고로 쉼표는 '앞으로 문장이 이어집니다'라는 신호다.

'본문' 작성법

비즈니스 영문 이메일의 본문도 제목과 마찬가지로 '간결하게! 명확하게!'가 기본이다. 불필요한 말은 쓰지 않도록 한다. 친구에게 보내는 메일이라면 이야기가 달라지지만, 비즈니스 메일의 경우에는 용건만 단적으로 쓰도록 한다.

이메일 보기에서는 '어제 다음번 미팅에 관한 메일을 보냈는데, 회신을 받지 못했습니다. 미팅에 참석할 수 있는지 알려 주시겠습니까?'라고 작성했다. 이 정도로 간결하고 명확하게 글을 쓰도록 유의하자.

첨부문

나는 본문 뒤에 오는 한마디를 '첨부문'이라고 부르는데, 여기서는 '상대방을 배려하는 말을 쓴다'는 점에 유의하자. 본문은 용건만 단적으로 명확하게 쓰기 때문에 첨부문이 없으면 이메일이 굉장히 차가운 인상을 준다.

다만, 배려하는 마음이 크다고 해서 여러 줄에 걸쳐 쓸 필요는 없다. 첨부문은 한 줄로 가볍게 쓰는 것이 핵심이다.

이번 장의 마지막에 자주 사용하는 표현들을 정리해 두었으니 참고하길 바란다. 이메일 보기에는 '편하실 때 알려주세요'라고 쓰여 있다. 그 밖에도 Please do not hesitate to ask anything unclear. (궁금하신 점이 있으시면 언제든지 연락 주세요.)라는 표현 등도 사용한다.

'끝인사' 작성법

영문 이메일의 특징인데, 기본적으로 마지막 서명 전에 끝인사를 쓴다. 우리도 편지에 '이만 줄이겠습니다' '이만 총총' 등을 쓰지만, 이메일에서 사용하는 일은 별로 없다.

이메일에서 사용하는 끝인사는 기본적으로 Regards,로 충분하다. Best Regards,도 괜찮지만, 자신이 한 발짝 물러서는 표현이므로 한 번이라도 만난 적이 있거나, 메일을 주고받는 사이라면 Regards,라고 해도 괜찮다.

Sincerely yours,라는 표현도 있는데, 주로 이메일이 아닌 레터에서 사용하는 표현이다. 상당히 격식을 차린 표현이어서 받는 사람이 불특정 다수이거나, 면식이 없는 사람일 경우에 사용하는 표현이다.

Regards, 뒤에는 기본적으로 쉼표는 찍어야 하니 잊지 말자. 그리고 Regards, 아래에 자신의 이름을 쓴다.

'서명' 작성법

마지막은 서명이다. 늘 메일을 주고받는 상대라면 생략해도 괜찮다. 특히 회신 메일 등에 다시 한번 서명을 붙이면, 메일이 너무 어수선해져서 읽기 어려워진다.

단, 대부분 메일 프로그램 설정에 따라 서명이 자동으로 삽입되기도 한다. 그럴 때는 서명이 또 붙어도 괜찮다.

| 제4장 | 비즈니스 영어 쓰기　　　　　　　　　　　　　　| 비즈니스 레터 ①

영문 비즈니스 레터에서 받는 사람 쓰는 법

 받는 사람 작성법의 기본

지금부터는 영문 비즈니스 레터 작성법을 소개하겠다. 먼저 받는 사람 작성법이다. 오른쪽 페이지 보기를 보면 알 수 있듯이 왼쪽 위에 '보내는 사람의 주소, 성명', 가운데 언저리에 '받는 사람의 주소, 성명', 왼쪽 아래에 'VIA AIR MAIL' 혹은 'AIR MAIL'이라고 쓴다. 그리고 오른쪽 위에 우표를 붙인다. 이제 하나씩 살펴보자.

 '보내는 사람' 작성법

자신의 이름 앞에 'From:'을 붙인다. 그다음 이름, 회사명, 주소를 차례로 쓴다. 명함 만드는 법 항목(170쪽)에서 소개한 작성법대로 해도 된다.

　보내는 사람의 마지막에 모두 대문자로 ', KOREA'라고 쓴다. 정해진 바는 없지만, 우편은 '어느 나라에서 어느 나라로 보내는 것인가' 하는 정보가 매우 중요해서 눈에 띄게 하는 의미에서도 모두 대문자로 쓴다. , KOREA 글자에 밑줄을 긋거나 색을 다르게 해도 좋다.

 '받는 사람' 작성법

받는 사람도 보내는 사람과 쓰는 방법은 같다. 받는 사람의 앞에 'To:'를 붙인다. 회사명 앞에는 상대방의 직함을 쓴다. 마지막에는 USA 등 나라 이름을 모두 대문자로 쓴다. 덧붙여 보내는 사람의 'From:'과 받는 사람의 'To:'에 붙어 있는 ': (콜론)'은 없는 경우도 많으므로 'From', 'To'라고 표기해도 괜찮다.

 받는 사람 작성법 보기

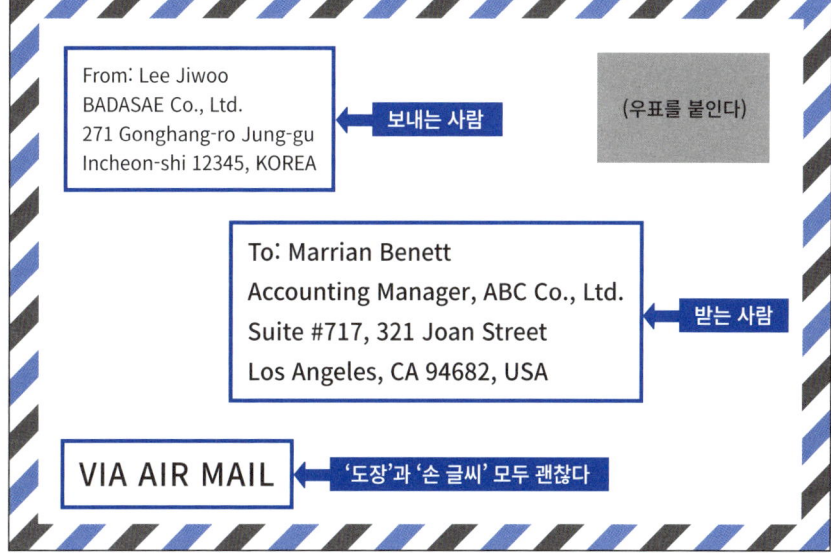

 VIA AIR MAIL

 왼쪽 아래에 '국제 우편'을 나타내는 'VIA AIR MAIL'이나 'AIR MAIL'을 쓴다. 도장을 찍든 손으로 쓰든 아무 쪽이나 상관없다.
 보기의 봉투 테두리에는 이발소 간판 같은 무늬가 둘러져 있는데, 이 역시 국제 우편임을 강조하는 것일 뿐 정해진 규칙은 없다. 무지 봉투를 사용해도 된다. 그때에는 VIA AIR MAIL 글씨가 잘 보이도록 강조하자.

오른쪽 위에는 우표를 붙인다. 국제 우편은 의외로 우표 붙일 공간이 필요하므로, 우표가 글자를 가리지 않도록 여유 있게 공간을 비워 두어야 한다.

| 제 4 장 | 비즈니스 영어 쓰기 　　　　　　　　　　　　　　 | 비즈니스 레터 ② |

영문 비즈니스 레터의 두 가지 형식

 영문 비즈니스 레터에는 두 가지 작성법이 있다!

영문 비즈니스 레터 작성법에는 영국식과 미국식, 두 종류가 있다.

영국식은 '풀 인덴트 스타일', 미국식은 '풀 블록 스타일'이라고 한다. 풀 인덴트 스타일은 본문의 단락마다 반각으로 10글자만큼(띄어쓰기 10번 한 것만큼) 들여 쓴다. indent(인덴트)란 '머리를 우그러뜨리다'라는 의미이다. 한편, 풀 블록 스타일은 전부 왼쪽 정렬로 쓴다.

 어느 형식으로 써야 할까?

영국식과 미국식 중 어느 형식을 사용해도 문제없다.

영국식 영어를 사용하는 나라(영국, 아일랜드, 호주, 뉴질랜드, 인도, 싱가포르 등)에서는 영국식(풀 인덴트 스타일)으로, 미국식 영어를 사용하는 나라(미국, 필리핀, 멕시코, 푸에르토리코, 리베리아 등)에서는 미국식(풀 블록 스타일)으로 레터를 작성하는 경우가 많다. 캐나다는 영국식 영어와 미국식 영어가 혼재되어 있어 둘 중 아무 형식으로 작성해도 된다.

 영국식, 미국식 작성법

영국식 풀 인덴트 스타일로 작성한 경우 다음과 같은 형식을 따른다.

> [보내는 사람의 회사명, 주소, 전화번호] 가운데 정렬
>
> [날짜] 오른쪽 정렬
>
> [받는 사람의 회사명, 주소, 받는 사람] 왼쪽 정렬
>
> [본문] 단락마다 반각 10글자만큼의 공백
>
> [끝인사] 오른쪽 정렬
>
> [서명, 부서명, 회사명] 오른쪽 정렬
>
> [동봉된 것 안내] 오른쪽 정렬

한편, 미국식 풀 블록 스타일로 쓰는 경우는 다음과 같은 형식을 따른다.

> [보내는 사람의 회사명, 주소, 전화번호] 중앙 정렬
>
> [나머지 전부] 왼쪽 정렬

앞서 말한 것처럼 어느 방식으로 써도 상관없으니 어느 한쪽 형식으로 자기 회사의 서식을 만들어 두면 편리하다.

'날짜' 작성법에 주의하자!

날짜를 쓰는 방법도 영국식과 미국식, 두 가지가 있다. 영국식에서는 '일 ➡ 월 ➡ 년'으로 작은 단위부터 순서대로 표기한다. 미국식에서는 '월 ➡ 일 ➡ 년' 순서로 표기한다.

> 영국식: '일' '월' '년' 예: 2024년 7월 17일 ➡ 17 July 2024
>
> 미국식: '월' '일' '년' 예: 2024년 7월 17일 ➡ July 17 2024

'일'은 17th와 같이 서수(~번째라고 하는 방식)를 사용해도 괜찮지만, 단순히 '17' 하고 숫자만 쓰는 경우가 많다.

그리고 '년' 앞에 쉼표를 넣기도 한다.

예를 들면, 17 July, 2024나 July 17, 2024로 표기한다. 이 또한 어느 쪽이 올바른 표기법이라는 규정은 없다. 다만, 하나의 서류 내에서 쉼표를 찍었다가 안 찍었다가 하는 것은 좋지 않으므로, 어느 한 가지로 통일하자. 덧붙여 영국식에서는 '년'을 17 July 24나 17 July, 24와 같이 뒤 두 자리로만 표기하기도 한다.

17 / July / 2024나 July / 17 / 2024처럼 슬래시를 넣어도 되지만, 일반적으로는 안 넣는 경우가 더 많은 것 같다.

 '서명' 작성법

서명은 친필로 자신의 이름을 로마자로 쓴다. 비즈니스 레터에서는 필기체가 아닌 블록체로 쓰도록 하자.

 작성법을 통일할 것!

지금까지 영문 비즈니스 레터의 두 종류, 영국식 풀 인덴트 스타일과 미국식 풀 블록 스타일을 소개했다. 앞에서도 말했듯이, 어느 형식으로 써도 괜찮다. 미국 회사에 영국식으로 보내도 문제없다.

그러나 '반드시 어느 한쪽으로 통일하는 것'에는 유의하길 바란다. 서식은 영국식으로 쓰고 날짜만 미국식으로 쓰는 일이 없도록 주의하자.

BADASAE Co., Ltd.
271 Gonghang-ro Jung-gu Incheon-shi 12345, KOREA
Tel: +82-32-123-4567

December 1, 2024

GATO Corporation
Suite #717, 321 Joan Street
Los Angeles, CA 94682
USA

Dear Mr. Whitesmith:

Thank you for asking us for 2024 Products Catalogue of our company.

I have enclosed our 2024 Products Catalogue that shows upcoming products as well.

I hope this will serve your needs select and purchase our products.

If you have questions or need further assistance, please feel free to contact us anytime.

Again, thank you for your interest.

Sincerely yours,

Lee Jiwoo
Sales Promotion Department

BADASAE Co., Ltd.
271 Gonghang-ro Jung-gu
Incheon-shi 12345, KOREA

Enclosure: 2024 Products Catalogue of BADASAE

그림 4-6   영국식(풀 인덴트 스타일) 보기

BADASAE Co., Ltd.
271 Gonghang-ro Jung-gu Incheon-shi 12345, KOREA
Tel: +82-32-123-4567

1 December, 2024

GATO Corporation
Suite #717, 321 Joan Street
Los Angeles, CA 94682
USA

Dear Mr. Whitesmith,

    Thank you for asking us for 2024 Products Catalogue of our company.

    I have enclosed our 2024 Products Catalogue that shows upcoming products as well.

I hope this will serve your needs select and purchase our products.

If you have questions or need of further assistance, please feel free to contact us anytime.

    Again, thank you for your interest.

Yours Sincerely,

Lee Jiwoo
Sales Promotion Department

BADASAE Co., Ltd.
271 Gonghang-ro Jung-gu
Incheon-shi 12345, KOREA

Enclosure: 2024 Products Catalogue of BADASAE

| 제 4 장 | 비즈니스 영어 쓰기   비즈니스 레터 ③

영문 비즈니스 레터의 구성

 영문 레터를 구성하는 데 필요한 요소

영문 비즈니스 레터를 작성할 때는 다음 아홉 가지 요소가 필요하다.

1. 보내는 사람+주소	2. 날짜	3. 받는 사람
4. 첫인사	5. 본문	6. 끝인사
7. 서명	8. 보내는 사람+주소(2회차)	9. 동봉된 것(있는 경우에만)

중요한 것은 A4 용지 한 장에 1~9의 내용을 담는다는 점이다. 본문이 길어지면서 두 장, 세 장, 넘어가지 않도록 한다.

 레터헤드

1. 보내는 사람+주소, 2. 날짜, 3. 받는 사람, 이 세 가지가 <u>레터헤드</u>에 들어간다. 보기에서는 기본적인 서식으로 쓰여 있지만, 회사만의 독자적인 디자인과 레이아웃이 적용된 레터헤드를 사용해도 문제없다. 반대로, 회사에서 지정한 형식이 없으면, 이 책의 보기 서식을 참고해 보기 바란다.

　레터헤드는 영국식, 미국식 상관없이 자유롭게 레이아웃을 정할 수 있는 요소다.

'본문' 작성법

영국식은 본문을 들여쓰기한다. 미국식은 들여쓰기하지 않는다. 어느 쪽이 정답이라는 규정은 없다. 중요한 것은 가독성이다. 적당히 줄을 바꾸도록 신경 쓰자.

기본적으로는 이야기하는 내용이나 화제가 바뀌는 부분에서 줄을 바꾼다. 글 분량이 적은 경우는 한 문장마다 줄을 바꾸어도 된다. 공간을 잘 활용해 부자연스러운 여백이 생기지 않도록 주의한다. 반대로 글 분량이 많아질 것 같을 때는 줄을 덜 바꾸거나 행의 폭을 좁혀 조정한다. 앞서 이야기했듯이 A4 용지 한 장에 전부 들어가도록 한다.

 ## '서명' 작성법

앞에서 설명한 대로 서명은 친필로 자신의 이름을 로마자로 쓴다. 필기체를 피하고 블록체로 쓰도록 한다. 어떻게든 필기체로 쓰고 싶다면, 서명 아래에 이름을 입력해 둔다. 보내는 사람의 이름을 쓰는 유일한 위치이므로 기본적으로 가독성이 좋도록 쓴다.

 ## '보내는 사람+주소(2회차)' 작성법

레터헤드에도 보내는 사람과 주소를 쓰지만, 여기서는 회사명 위에 '부서명'을 넣는 것이 포인트다. 반드시 써야 하는 것은 아니지만, 넣어 두면 상대방이 문의할 때 더 편리하다. 이것도 배려하는 마음으로 넣어두면 좋겠다.

 ## '동봉된 것(있는 경우에만)' 작성법

카탈로그나 자료 등을 동봉하는 경우 맨 아래에 'Enclosure:'라고 기재하고 동봉한 것에 관

그림 4-7 비즈니스 레터 보기

레터헤드

① 보내는 사람+주소

BADASAE Co., Ltd.
271 Gonghang-ro Jung-gu Incheon-shi 12345, KOREA
Tel: +82-32-123-4567

December 1, 2024 ② 날짜

GATO Corporation
Suite #717, 321 Joan Street
Los Angeles, CA 94682
USA

③ 받는 사람

Dear Mr. Whitesmith: ④ 첫인사

⑤ 본문

Thank you for asking us for 2024 Products Catalogue of our company.

I have enclosed our 2024 Products Catalogue that shows upcoming products as well.

I hope this will serve your needs select and purchase our products.

If you have questions or need further assistance, please feel free to contact us anytime.

Again, thank you for your interest.

Sincerely yours, ⑥ 끝인사

Lee Jiwoo ⑦ 서명

Sales Promotion Department

BADASAE Co., Ltd.
271 Gonghang-ro Jung-gu
Incheon-shi 12345, KOREA

⑧ 보내는 사람+주소(2회차)

Enclosure: 2024 Products Catalogue of BADASAE   ⑨ 동봉된 것(있을 경우만)

한 정보를 이어서 쓴다. 보기에서는 2024 Products Catalogue of BADASAE(바다새 주식회사 2024년 제품 카탈로그)라고 작성했다.

Enclosure는 Enc.라고 생략하기도 하지만 가능하면 생략하지 말고 쓰자. Enc.라고 쓰면 비원어민이 이해하지 못하는 경우가 있다. 덧붙여 Catalogue는 Catalog로 표기해도 문제없다. Catalogue는 영국식, Catalog는 미국식 표기. 격식이 높다는 의미에서 일반적으로는 영국식인 Catalogue를 사용하는 경우가 더 많은 것 같다.

| 제 4 장 | 비즈니스 영어 쓰기 | | 비즈니스 레터 ④ |

비즈니스 레터에서 자주 사용하는 상투적인 문구

 첫인사

'Dear ~'는 한국어의 '~님'에 해당한다. 이것도 영국식과 미국식에 따라 쓰는 방식이 다르다.

《영국식》 Dear Mr. Smith 혹은 Dear Mr. Smith,

어느 쪽이든 상관없지만, 마지막에 쉼표를 찍는 경우가 많다. 한편, 미국식은 다음과 같다.

《미국식》 Dear Mr. Smith:

미국식에서는 쉼표가 아닌 ': (콜론)'을 붙인다. 실수로 '; (세미콜론)'을 사용하지 않도록 주의하자. Dear 뒤에 성과 이름 모두 표기하는 경우도 있다. 그럴 때는 Dear Tony Smith라고 표기해야 바르다. 이때 Dear Mr. Tony Smith와 같이 Mr.를 붙이지 않도록 주의한다. 다음은 경칭을 살펴보겠다.

《남성》 Dear Mr. Smith:
《기혼 여성》 Dear Mrs. Smith:
《미혼 여성》 Dear Miss. Smith:

남자는 Dear Mr. Smith:와 같이 Mr. 뒤에 성(패밀리 네임)을 붙이면 된다.

하지만 여성일 때는 주의해야 한다.

먼저 기혼 여성일 때는 Dear Mrs. Smith:와 같이 Mrs. 뒤에 성을 쓴다. '미시즈'라고 발음한다. 미혼 여성일 때는 Dear Miss. Smith:와 같이 Miss. 뒤에 성을 쓴다. 상대가 미혼인지 기혼인지 모를 때는 Dear Ms. Smith:처럼 Ms. 뒤에 성을 쓴다. 이때 Ms.는 '미즈'라고 발음한다.

상대의 결혼 여부를 묻는 것은 쉽지 않으므로 여성은 Ms.로 통일해도 무방하다.

그밖에 '여러분'은 다음과 같이 표기한다.

《'여러분' 표기 방법》

Dear Sirs:

Dear Sir / Madam:

Ladies and Gentlemen:

사용 빈도로 보면 압도적으로 Dear Sirs: 가 많지 않을까.

비즈니스에서는 '수신자 제위'라는 말이 자주 나온다. 이는 다음과 같이 표기한다.

《수신자 제위》 To Whom It May Concern:

이때 머리글자를 모두 대문자로 표기한다.

'고객 여러분께'는 Dear Customer:라고 표기한다. 단수형 Customer를 사용함으로써 '고객 한분 한분에 대해'라는 뉘앙스를 풍긴다. 복수형 Customers로 적지 않도록 주의하자.

끝인사

끝인사에는 격식(포멀)과 반격식(세미포멀)의 두 가지 유형이 있다.

격식은 받는 사람이 '불특정 다수나 면식이 없는 사람'일 때 사용한다. 한편, 반격식은 '면식이 있는 사람'에게 사용한다. '면식이 있는 사람'은 실제로 만난 사람부터 전화나 메일을 주고받은 사람, 온라인으로 대화한 사람까지 해당한다.

아래에 끝인사 표현을 정리해 두었다. 격식, 반격식 여부와 관계없이 끝인사 마지막에는 쉼표를 찍는다. 마침표는 찍지 않는다.

【격식 끝인사】 * 받는 사람이 불특정 다수나 면식이 없는 사람인 경우
- Yours sincerely,   · Sincerely yours,
- Yours faithfully,   · Sincerely,
- Yours truly,   · Respectably yours,

* 'sincerely'는 '진심을 담아서'라는 의미다.

【반격식 끝인사】 * 받는 사람이 면식이 있는 사람인 경우
- Best regards,   · Kind regards,
- Warmest regards,   · With warm regards,
- Regards,   · Truly yours,

* 'regards'는 '경의를 표하며'라는 의미다.

 맺음말

맺음말에는 아무 말이나 써도 되지만 일반적으로 자주 사용되는 표현 열 가지를 소개하겠다.

그림 4-8   맺음말로 자주 쓰이는 표현

1. 회신을 기다리고 있겠습니다.
I look forward to hearing from you.

※ I'm looking forward ~ 하고 진행형을 사용하면, 상대에게 대답을 재촉하는 뉘앙스를 풍기게 된다.

2. 검토 잘 부탁드립니다.
Thank you for your consideration.

3. 질문이나 불안한 점이 있으시면 알려주시길 바랍니다.
Please let me know if you have any questions or concerns.

4. 질문이나 도움이 필요하신 경우에는 편히 연락 주시길 바랍니다.
If you have questions or need of further assistance, please feel free to contact us.

5. 최대한 빨리 회신을 드리도록 하겠습니다.
I'll try to get back to you as soon as possible.

6. 1주일 이내에 회신을 드리겠습니다.
I'll get back to you within a week.

7. 불편하게 해 드려 죄송합니다.
We are sorry for your inconvenience.

8. 이번 건과 관련해 다시 한번 감사드립니다.
Thank you again for this matter.

9. 만나 뵙기를 고대하고 있겠습니다.
I'm looking forward to seeing you.

10. 부디 몸조심하시길 바랍니다.
Please take good care of yourself.

제 5 장

비즈니스에서 유용한 표현

| 제 5 장 | 비즈니스 유용한 표현 | 개요 |

사실 관용구는 적당히 사용하는 편이 좋다

 필요한 최소한의 관용구와 정중한 표현만 알아도 충분하다

이번 장에서는 동시통역 경험을 바탕으로 비즈니스에서 도움이 되는 관용구와 정중한 표현을 엄선해 소개한다. 사실 비즈니스 영어에서는 그렇게까지 열심히 관용구와 정중한 표현을 외우고 많이 알 필요는 없다. 필요한 최소한의 관용구와 정중한 표현만 알면 충분하다.

오히려 비즈니스 자리에서는 관용구를 너무 많이 사용하지 않도록 해야 한다. 상대방이 비원어민인 경우가 많기 때문이다.

원어민에게는 실용영어기능검정이나 토익에 나오는 관용구를 사용하며 대화해도 되지만, 상대가 비원어민일 때는 그런 자격증 시험에 나올 법한 관용구를 사용하면 곤혹스러워한다. 때에 따라서는 오해가 생겨 예상치 못한 문제로 발전할 가능성도 있다.

 정중한 표현은 거래처나 처음 보는 사람에게 사용한다

우리에게는 상사뿐만 아니라 동료나 부하직원에게도 존댓말을 사용하는 문화가 있다. 그러나 영어권에서 똑같이 말하면 딱딱하게 들린다. 영어권에서는 같은 회사 내에서는 상대가 상사라도 기본적으로 정중한(존댓말) 표현을 사용하지 않는다.

영어권에서도 정중한 표현을 사용하는 때가 있다. '거래처'나 '처음 보는 사람', '만난 적은 있지만 그다지 친하지 않은 사람'과 대화할 때다. 정중한 표현은 '정해진 상황에서, 정해진 표현

그림 5-1 제5장에서 소개하는 관용구와 정중한 표현

엄선 관용구 15	
엄선 관용구 ①	due to ~
엄선 관용구 ②	make out ~ / understand ~
엄선 관용구 ③	stand for ~
엄선 관용구 ④	take on ~
엄선 관용구 ⑤	by mistake
엄선 관용구 ⑥	put down ~ / write down ~
엄선 관용구 ⑦	in detail
엄선 관용구 ⑧	account for ~
엄선 관용구 ⑨	approve of ~
엄선 관용구 ⑩	sort out ~
엄선 관용구 ⑪	be to blame for ~ / be responsible for ~
엄선 관용구 ⑫	put ~ into practice
엄선 관용구 ⑬	be in charge of ~
엄선 관용구 ⑭	get in touch with ~
엄선 관용구 ⑮	take part in ~ / participate in ~ / join ~
정중한 표현 15	
정중한 표현 ①	May I have your ~, please?
정중한 표현 ②	May I ask, ~ ?
정중한 표현 ③	Do you suppose (that) ~ ?
정중한 표현 ④	I was just wondering if ~
정중한 표현 ⑤	Please do not hesitate to ~
정중한 표현 ⑥	Would you mind if ~ ?
정중한 표현 ⑦	Would it be too much trouble to ~ ?
정중한 표현 ⑧	Shall we ~ ?
정중한 표현 ⑨	Would it be possible for you to ~ ?
정중한 표현 ⑩	Would you be kind enough to ~ ?
정중한 표현 ⑪	I would be so delighted if you could ~
정중한 표현 ⑫	Forgive me, but ~
정중한 표현 ⑬	I'd like to apologize for ~
정중한 표현 ⑭	Please accept my apologies for ~
정중한 표현 ⑮	I am truly grateful for ~

을 쓴다'라고 생각하면 되겠다.

　이번 장에서 소개하는 관용구와 정중한 표현을 알아 두면 대부분의 비즈니스 상황에 대응할 수 있을 것이다.

| 제 5 장 | 비즈니스에서 유용한 표현 | | 관용구 |

비즈니스에서 자주 사용하는 관용구 15

 《엄선 관용구 ①》 due to ~

I will be late a bit **due to** the accident.

(사고 때문에 조금 늦을 것 같습니다.)

'due to ~'는 '~ 탓에 / ~가 이유로 / ~ 때문에'라는 의미다. 비원어민에게도 친숙하고 비즈니스 영어에서 자주 사용되는 단골 관용구다.

 《엄선 관용구 ②》 make out ~ / understand ~

I cannot **make out** what Mr. Bartlett said.

= I cannot **understand** what Mr. Bartlett said.

(바틀릿 씨가 말한 것을 이해할 수 없습니다.)

'make out ~ / understand ~'는 '~을 이해하다'라는 의미다. make out과 understand는 둘 다 많이 쓰이지만, 원어민을 상대로는 make out, 비원어민을 상대로는 understand를 사용하면 되겠다.

203

《엄선 관용구 ③》 stand for ~

"Omotenashi" **stands for** "hospitality".

('오모테나시'*는 'hospitality'를 의미합니다.)

* 일본 특유의 손님을 환대하는 관습. - 옮긴이

'stand for ~'는 '~을 나타내다 / ~을 의미하다'라는 의미다. 프레젠테이션이나 미팅을 하면서 무언가를 설명할 때 자주 사용하는 표현이다.

 《엄선 관용구 ④》 take on ~

I will **take on** the work.

(제가 그 일을 맡겠습니다.)

'take on ~'은 '~을 맡다 / ~을 이어받다'라는 의미다. take on의 '~을 맡다'와 '~을 이어받다'라는 두 가지 의미 모두 기억해 두자.

 《엄선 관용구 ⑤》 by mistake

I ordered this product **by mistake**.

(실수로 이 제품을 주문했습니다.)

'by mistake'는 '실수로'라는 의미다. 업무상에서 자주 사용하는 표현이다. mistake는 동사로 사용하지 않고, 명사로서 문장 마지막에 by mistake를 붙인다.

《엄선 관용구 ⑥》 put down ~ / write down ~

Please put down what I explained to you.
= Please write down what I explained to you.
(제가 당신에게 설명한 것을 적어 두길 바랍니다.)

'put down ~ / write down ~'은 '~을 적어 두다'라는 의미다. 원어민을 상대로는 put down, 비원어민을 상대로는 write down을 사용하면 되겠다. 구분하기 어렵다면 write down 하나로 통일해도 문제없다.

《엄선 관용구 ⑦》 in detail

Please tell me the progress in detail.
(진행 상황을 자세히 말해 주세요.)

'in detail'은 '자세히'라는 의미다. '진행 상황'을 의미하는 progress라는 단어도 알아 두자.

《엄선 관용구 ⑧》 account for ~

It is difficult to account for this system.
(이 구조를 설명하기는 어렵습니다.)

'account for ~'는 '~을 설명하다'라는 의미다. explain보다 한 단계 높은 표현이라고 할 수 있다.

《엄선 관용구 ⑨》 approve of ~

My boss **approved of** my opinion.

(상사가 내 의견을 승인해 주었습니다.)

'approve of ~'는 '~을 승인하다'라는 의미다. approve 뒤에 오는 전치사 of를 빠트리지 않도록 주의하자.

 《엄선 관용구 ⑩》 sort out ~

Let's **sort out** information this time.

(정보를 한번 정리합시다.)

'sort out ~'은 '~을 정리하다'라는 의미다. 자칫 arrange를 사용하기 쉽지만, 이는 '~을 배치하다'라는 의미여서 '정리하다'와는 뉘앙스가 조금 다르다.

 《엄선 관용구 ⑪》 be to blame for ~ / be responsible for ~

I **am to blame for** this mistake.

= I **am responsible for** this mistake.

(저에게 그 실수의 책임이 있습니다.)

'be to blame for ~ / be responsible for ~'는 '~의 책임이 있다'라는 의미다. be to blame for ~는 원어민용, be responsible for ~는 비원어민용이다.

《엄선 관용구 ⑫》 put ~ into practice

> Let's **put** this plan **into practice**.
> (이 계획을 실행합시다.)

'put ~ into practice'는 '~을 실행하다'라는 의미다. practice의 의미를 '연습'이라고 외운 사람이 많겠지만, 정확히는 '실행'이다.

 ## 《엄선 관용구 ⑬》 be in charge of ~

> Who **is in charge of** this matter?
> (누가 이 건을 담당하고 있습니까?)

'be in charge of ~'는 '~을 담당하고 있다'라는 의미다. 이 표현은 원어민뿐만 아니라 비원어민도 자주 사용한다. Who's in charge? 하고 생략해서 사용하기도 한다.

 ## 《엄선 관용구 ⑭》 get in touch with ~

> **Get in touch with** the person in charge right now.
> (그 담당자와 바로 연락을 취해 주세요.)

'get in touch with ~'는 '~와 연락하다'라는 의미다. contact는 '접촉하다'라는 의미이므로 뉘앙스가 조금 다르다. keep in touch with ~은 '계속 연락을 취한다'는 뉘앙스가 담겨 있어 비즈니스에서는 별로 사용하지 않는다.

《엄선 관용구 ⑮》 take part in ~ / participate in ~ / join ~

Are you going to **take part in** the meeting tomorrow?

= Are you going to **participate in** the meeting tomorrow?

= Are you going to **join** the meeting tomorrow?

(내일 미팅에 참석하십니까?)

'take part in ~ / participate in ~ / join ~'은 '~에 참가하다'라는 의미다. take part in ~을 가장 많이 사용한다. participate in ~은 조금 딱딱하게 들리는 표현이다. join ~은 친한 사이에 사용하는 표현이다.

| 제 5 장 | 비즈니스에서 유용한 표현 | | 정중한 표현 |

비즈니스에서 자주 사용하는 정중한 표현 15

 《정중한 표현 ①》 May I have your ~, please?

May I have your name, please?
(성함을 가르쳐 주시겠습니까?)

'May I have your ~, please?'는 '~을 가르쳐 주시겠습니까?'라는 의미다. Can you ~? 라는 표현도 있지만, 정중한 표현이라는 의미에서는 May I have your ~, please?를 사용하는 편이 좋겠다. 원어민은 May I have your ~, please?를 정중한 표현이라기보다는 정형화된 표현이라는 뉘앙스로 사용하기 때문이다.

 《정중한 표현 ②》 May I ask, ~ ?

May I ask, what academic background do you have?
(학력에 대해서 여쭤봐도 되겠습니까?)

'May I ask, ~ ?'는 '~을 여쭤봐도 되겠습니까?'라는 의미다. May I ask,는 독립적인 표현이라고 생각하면 된다. 따라서 May I ask를 문장 마지막에 붙여서 What academic background do you have, may I ask?라고 해도 상관없다. 영화를 보다 보면 문장 마지막에 may I ask가 붙은 대사를 가끔 들을 수 있다.

《정중한 표현 ③》 Do you suppose (that) ~ ?

Do you suppose this project should be discontinued?
(이 프로젝트를 중지해야 한다고 생각하십니까?)

'Do you suppose (that) ~ ?'은 '~라고 생각하십니까?'라는 의미다. Do you think ~ ?라고 말하면, '~을 생각하고는 있어?' 하고 다소 고압적인 뉘앙스를 풍기므로 주의해야 한다.

《정중한 표현 ④》 I was just wondering if ~

I was just wondering if you haven't obtained the material.
(혹시 아직 자료를 받지 못하셨을까요?)

'I was just wondering if ~'는 '혹시 ~일까요?'라는 의미다. 조금 난해하지만 비즈니스에서 많이 사용하는 표현이다. 과거형 I was를 사용함으로써 한 발짝 물러선 겸손한 자세를 표현하고 있다.

《정중한 표현 ⑤》 Please do not hesitate to ~

Please do not hesitate to inquire about your unclear matters of us.
(궁금하신 점은 언제든지 저희에게 문의해 주세요.)

'Please do not hesitate to ~'는 '사양하지 말고 ~해 주세요'라는 의미다. hesitate는 뒤에 부정사(to+동사 원형)가 온다. 아무쪼록 hesitate ~ing가 되지 않도록 주의하자.

《정중한 표현 ⑥》 Would you mind if ~ ?

Would you mind if I postpone today's meeting until tomorrow?

(오늘 미팅을 내일로 연기해도 되겠습니까?)

《직역》 오늘 미팅을 내일로 연기하는 것을 신경 쓰십니까?

《한국어》 네, 괜찮습니다. 《직역》 아니오, 신경 쓰지 않습니다.

《영어》 No, not at all. / No, I wouldn't.

《한국어》 아니오, 곤란합니다. 《직역》 네, 신경 씁니다.

《영어》 Yes, I would.

'Would you mind if ~?'는 '~해도 되겠습니까?'라는 의미다. 대답할 때 Yes / No를 한국어와 반대로 생각해야 한다는 점에 주의한다. 헷갈릴 때는 직역으로 생각해 보면 된다.

《정중한 표현 ⑦》 Would it be too much trouble to ~ ?

Would it be too much trouble to have an urgent meeting this afternoon?

(오늘 오후에 긴급 미팅을 열어도 문제없으십니까?)

'Would it be too much trouble to ~ ?'는 '~해도 문제없으십니까?'라는 의미다. 최대한으

로 자신의 자세를 낮추는 뉘앙스를 풍기는 표현이다. 그 때문에 상대방에게 폐가 될 것 같을 때 사용된다.

《정중한 표현 ⑧》 Shall we ~ ?

> **Shall we** have the next meeting next week?
> (다음 미팅은 다음 주에 하지 않겠습니까?)

'Shall we ~ ?'는 '~하지 않겠습니까?'라는 의미다. 일상 회화에서 상대에게 권하거나 제안할 때 Shall we ~ ?를 사용하는 것처럼 비즈니스에서도 자주 나온다.

《정중한 표현 ⑨》 Would it be possible for you to ~ ?

> **Would it be possible for you to** answer us by tomorrow?
> (내일까지 회신해 주실 수 있습니까?)

'Would it be possible for you to ~ ?'는 '~해 주실 수 있습니까?'라는 의미다. 고객을 상대하는 상황에서 많이 사용하는 표현이다.

《정중한 표현 ⑩》 Would you be kind enough to ~ ?

> **Would you be kind enough to** check your body temperature before your entering?
> (죄송하지만, 입장하시기 전에 체온 검사를 해 주시겠습니까?)

'Would you be kind enough to ~ ?'는 '죄송하지만 ~ 해 주시겠습니까?'라는 의미다. 겸손한 뉘앙스를 가질뿐더러 표현 자체에 품위가 있어 영국 왕실에서 많이 사용한다.

《정중한 표현 ⑪》 I would be so delighted if you could ~

> **I would be so delighted if you could** send the PDF file of the manual by mail.
> (사용 설명서 PDF 파일을 메일로 보내 주시면 감사하겠습니다.)

'I would be so delighted if you could ~'는 ' ~해 주시면 감사하겠습니다'라는 의미다. glad는 '매우 기뻐하다'라는 뉘앙스이므로 delighted 대신에 사용하기에는 적절하지 않다. happy도 사용할 수는 있지만, 비즈니스 자리에서는 거의 사용하지 않는다.

《정중한 표현 ⑫》 Forgive me, but ~

> **Forgive me, but** we could not accept any non-regulated order.
> (대단히 죄송하지만, 규정 외의 주문은 받을 수 없습니다.)

'Forgive me, but ~'은 '대단히 죄송하지만~'이라는 의미다. but은 '그러나'라는 의미가 아니라 '~이지만'이라는 뉘앙스로 사용된다. Excuse me, but ~과 뉘앙스가 같은 but이라고 생각하면 된다.

《정중한 표현 ⑬》 I'd like to apologize for ~

I'd like to apologize for sending the wrong estimate.

(잘못된 견적서를 보내드려 죄송합니다.)

'I'd like to apologize for ~'는 '~해드려 죄송합니다'라는 의미다. 평소 생기기 쉬운 가벼운 실수를 사과할 때 사용하는 표현이다.

 《정중한 표현 ⑭》 Please accept my apologies for ~

Please accept my apologies for this misconduct of ours.

(이번 불미스러운 일에 대해 사과드립니다.)

'Please accept my apologies for ~'는 '~에 대해 사과드립니다'라는 의미다. 누군가가 책임질 필요가 있는 실수가 벌어졌을 때 사용하는 표현이다. 앞서 나온 apologize와 apologies 뒤에는 반드시 '원인'을 나타내는 for가 따라온다.

 《정중한 표현 ⑮》 I am truly grateful for ~

I am truly grateful for your favor / goodwill.

(귀사의 선심에 대단히 감사하고 있습니다.)

'I am truly grateful for ~'는 '~에 대단히 감사하고 있습니다'라는 의미다. 상대방에게 최대급의 감사를 전할 때 사용한다. thank you for ~보다 감사하는 정도가 크다.

마치며

"역시 비즈니스 영어는 어렵겠죠?"

"비즈니스 영어를 완벽하게 하려면 토익은 몇 점 이상 나와야 하나요?"

일본 비즈니스 관계자들에게 이와 같은 질문을 받을 때마다 큰 위화감을 느끼는 동시에 어떻게 대답해야 할지 당황스럽습니다.

세계적으로 보아도 일본은 영어에 대해 "조금 특이한 인식"을 가진 나라라고 생각합니다.

조금 더 자세히 말하자면, '학교 영어', '입시 영어', '자격증(실용영어기능검정이나 토익) 영어', '일상 회화 영어', '비즈니스 영어' 등으로 카테고리를 세세하게 나누고, 카테고리별 공부법이 존재한다고 믿는 사람이 많습니다.

대학 시절부터 계산해서 저는 40년 넘게 영어를 공부해 왔지만, 카테고리에 따라 공부법을 바꾼 적이 없습니다. 그래도 일상 회화부터 자격증 시험, 비즈니스 현장에 이르기까지, 저는 상황에 맞춘 영어를 사용하는 데 아무런 문제도 없습니다.

물론 '비즈니스 자리에서 자주 사용되는 문구나 단어'가 있다는 점은 인정합니다. 하지만 지극히 한정적입니다.

일본에서 비즈니스 영어 관련 책이라고 하면, '비즈니스 영어 관용구 모음집'이나 '영문 비즈니스 메일 모음집' 같은 것을 떠올립니다. 이러한 원어민 화자가 사용하는 수준 높은 영어를 정리한 책이 일반적이다 보니 '비즈니스 영어 = 상급 영어'라는 이미지가 자리 잡지 않았나 합니다.

다만, 30년 넘게 동시통역을 해 온 제 경험상으로는 비즈니스 현장에서 실제로 사용되는 영어의 90%는 '일상 영어 회화' 범위를 벗어나지 않습니다.

물론 원어민이 사용하는 난해한 단어나 관용구를 열심히 외우는 것이 나쁘다는 말은 아닙니다. 하지만 그로 인해 좌절하게 된다면 주객이 전도되고 맙니다.

이 책을 읽어 주신 여러분이 비즈니스 영어에 대한 '잘못된 이미지'를 말끔히 털어내고 '정말 실용적인 비즈니스 영어'를 배울 수 있었기를 바랍니다.

2024년 8월

마키노 도모카즈